LES QUALITÉS ET CARACTÈRES D'UN BON ET GRAND LEADER

"Pour la Formation du Caractère"

Par

Le Rév. Dr. François K. Akoa-Mongo

INTRODUCTION

Je suis né, a grandi et occupé les positions de leadership dans les cercles camerounais. A l'âge de 75 ans, ayant vécu en Afrique 50% et aux Etats-Unis les autres 50% de ma vie, je remercie mon Seigneur de m'avoir permis de vivre et de maîtriser ces deux environs. Aujourd'hui, à cause de mes expériences, je présente ce livre sur les formation des leaders à mes concitoyens camerounais et peuple africain.

Ce livre devrait s'arranger parmi les plus désireux des cercles africains en général et camerounais en particulier. Les africains comme tout peuple en voie de développement ne devraient pas réinventer la roue quand celle-ci était inventée il y a de cela des millénaires. Je regrette avoir suivi la déclaration d'un intellectuel et grand professeur camerounais déclarer que nous les africains allons d'abord parcourir toutes les mêmes expériences politiques, économiques, sociales et culturelles connues par les européens dans leur évolution avant que nous puissions faire les choses comme eux. Je ne croix pas que nous africains devrions chercher à inventer le moteur électrique alors qu'on peut seulement l'acheter ou apprendre comment en fabriquer.

Devrions-nous avoir une démocratie à l'africaine et une démocratie à l'européenne par exemple ? La démocratie est démocratie à cause de ses principes et ses buts qui sont les mêmes partout où elle est le système de gouvernement par le peuple et pour le peuple.

L'Afrique a besoin des leaders dans toutes les organisations sociales et religieuses et culturelles. Nous avons besoin des dirigeants visionnaires, des pionniers ambitieux, des rénovateurs influents, des leaders qui peuvent mouvoir les volontés dans tous les niveaux et des rêveurs meneurs d'hommes pour la réalisation de grands projets capables de mobiliser les forces vives afin de changer nos environnements et inscrire nos sociétés dans l'histoire des grandes civilisations du monde.

Les européens ou plutôt les occidentaux

connaissent l'importance du leadership, du management, de la gestion et le grand besoin de cette science dans le développement humain: coller les individus ensemble partant de la vision d'un seul pour réaliser des projets d'intérêts communs. Partant de la vision d'un seul et à cause de son influence, on peut amener des groupes à avoir le même rêve et, en conjuguant leurs efforts afin d'aboutir à mettre en place un projet au profit de tous. Ces projets ne sont pas au bénéfice des rêveurs qui ont agi comme catalyseurs et facilitateurs, mais aux groupes réalisateurs. Voila ce que voudrait enseigner ce livre.

Combien de projets allant des familles jusqu'au niveau des gouvernements africains, ont échoué en Afrique, par manque de bons et grands leaders et cela depuis que nous sommes en charge de nos destinées? Ceci est à cause de notre refus de nous modeler sur l'Occident. Le leadership Africain en général et camerounais en particulier veut faire les choses de "sa façon". Je me rappelle des paroles d'un certain Pasteur de l'Eglise Presbytérienne Camerounaise qui m'avait interrompu quand je voulais parler pendant l'une de leurs assises concernant la mauvaise gestion des biens de l'EPC pendant ses assises. Voici intégralement ce que ce Pasteur m'avait dit, " François, il y a de cela 27 ans que vu vis aux USA; tu ne connais pas les réalités de notre société. Laisse-nous dépecer *notre éléphant* de notre manière." Cette définition de ce de que sont les biens et le personnel de nos institutions de ce pasteur reste celle des 99.9% des dirigeants et responsables africains de nos jours.

S'il y a un livre qui peut aider l'Afrique sur le leadership en dehors de la Bible, c'est justement celui-ci. Il devrait être bien accueilli par les peuples qui se cherchent dans développement.

L'égoïsme, le tribalisme, la recharge des gains personnels, le vol, le paternalisme, le manque d'application des règles et des lois, la culture des mauvaises attitudes, les consciences émoussées, et tout ce qui fait en sorte que nos sociétés restent toujours au niveau primitive. Malgré les années de contact avec les européens, des diplômés de grandes écoles, les titres et grands cadres comme, nous ne pouvons jamais changer aussi longtemps que nos dirigeants n'apprennent pas les lois, attitudes,

caractéristiques et valeurs de bons et grands
leaders en application dans le monde occidental

Si nos actuels et futurs leaders africains
pouvaient maîtriser ce qu'enseignent les experts
occidentaux dans ce livre, si nous mettons en
pratique les idées qui font réussir les sociétés
évoluées du monde occidental qui nous ont inspirés
dans ce livre, il est certain que dans 25 ans, nous
pourrions voir les Eglises, les institutions publiques
et privées, le monde des affaires de tous les niveaux
et secteurs, les agences et groupes industriels, et tout
ce qui regarde l'emploi en Afrique devenir une suite
de succès .

Ma prière est que le Seigneur utilise, outre les 40
autres livres que j'ai déjà publiés, ce livre sur le
leadership pour le redressement de nos sociétés
africaines afin que la direction qu'elles prennent
maintenant en se modelant sur le Haïti change vers
l'Occident.

A Dieu la gloire.

Son esclave, François K. Akoa-Mongo

Machiasport, le 30 Novembre 2016

DÉDICACE

J'ai longuement réfléchi sur celui à qui je dois dédier ce livre, et celui-là ne pouvait être un autre sinon mon homonyme et neveu Francis Akoa. Francis est l'un des rares camerounais qui ont déjà fait preuve de grands leaders dans la gestion jusqu'au niveau mondial. Je suis certain qu'il comprend plus que tout autre la grande pueriez en leadership qui ruine nos sociétés au point de la perte de tout espoir d'un avenir meilleur du peuple africain. Seuls les leaders qui suivent les lois, règles , attitudes , valeurs et nomes de leadership déjà établis et reconnus qui pourront sauver l'Afrique.

DE L'AUTEUR

Le Rév. François K. Akoa-Mongo est Pasteur au Saint
Ministère depuis 1967. Il est un homme qui vit et connaît à
fond la cultures africaine et américaine. Né au Cameroun,
après ses études dans ccs deux pays, il y a travaillé comme
enseignant et Pasteur dans les sociétés . Il était ordonné
Pasteur au sein de l'Eglise Presbytérienne Camerounaise.

Il a une Maîtrise en Théologie de la Faculté de Théologie
de Bangor, Maine, une Maîtrise d'Enseignement des langues
Etrangères et un Ph.D. en Education de l'Université du
Maine à Orono. Il est l'auteur plus de 42 livres qui sont à la
fois en français et en anglais. On peut s'en procuré dans
« Amazon.com »

Il réside avec sa femme Kathy à Machiasport, où il est
Pasteur depuis 24 ans servant la paroisse Congrégationaliste
de Machiasport. Tous ses enfants vivent aux USA.

TABLE DE MATIÈRES

CHAPITRE I

DÉFINITION DU LEADERSHIP:
influencer et fédérer

Le leadership est le « processus par lequel une personne influence un groupe de personnes pour atteindre un objectif commun. » (Peter NORTHOUSE, Leadership – Theory and Practice, Sage). On peut définir le leadership comme étant une autorité d'influence, basée les relations que le leader noue avec les membres d'un groupe. Être un leader est une reconnaissance, et non un statut.

Il existe de nombreuses définitions du leadership, certaines très larges, d'autres plus restreintes. Je vous propose une définition simple du leadership, qui recouvre toutefois l'essentiel de cette notion.

Le Leadership c'est :
1. La capacité d'une personne à influencer et à fédérer un groupe,

a/- Pour atteindre un but commun,

b/- Dans une relation de confiance mutuelle,

c/- Et pour une durée limitée.

LES 4 CARACTÉRISTIQUES DU LEADERSHIP :

1. Influencer et fédérer le groupe:

Le leadership est une autorité d'influence, basée les relations que le leader noue avec les membres d'un groupe. Pour atteindre ce but, cela implique les actions suivantes

a/- Communiquer efficacement avec les membres du groupe ;

b/- Faire adhérer l'équipe à un but commun ;

c/- Motiver les membres de l'équipe à atteindre les objectifs fixés.

Dès le départ, on s'identifie comme un leader parce qu'on a un objectif qui est pour le bien commun; c'est à cause de cet objectif qu'on ne peut pas accomplir seul qu'il influence le groupe et que celui s'adhère à ses idées.

2. Atteindre un but commun :

Un groupe se définit par la réalisation d'un but commun. Toute influence du leadership qui ne vise pas une réalisation d'un but commun n'est pas dans l'ordre de notre définition du leadership. Le nôtre se manifeste à trois niveaux :

a/- Il a une vision, qui inspire les membres de l'équipe et donner du sens à l'action ;

b/- Il a un ou plusieurs buts, qui ont pour objet de cadrer l'action du groupe. Les buts constituent une « mise en mots » de la vision ;   c/- Il doit avoir plusieurs objectifs – stratégiques et opérationnels – qui ont pour objet d'orienter l'action. Les objectifs sont les buts à atteindre traduits en indicateurs mesurables et organisés dans le temps.

Un leader tient son autorité des membres du groupe, qui le reconnaissent comme tel. On dirait que les membres du groupe lui délègue l'autorité de les guider dans l'accomplissement de la vision qui leur est maintenant commune.

3. Faire établir des relations de confiance mutuelle :

Un bon leader tient son autorité des membres du groupe, qui le reconnaissent comme tel; cela implique les deux points suivants: ne confiance du groupe vers le leader et une confiance du leader vers le groupe ;

a/- Qu'il y a un respect mutuel et une écoute réciproque entre le leadership et les membres du groupe;

b/- Que le leadership est celui qui est l'exemplaire, le groupe se modèle sur lui. C'est pour cette raison qu'il conserve leur confiance dans le temps.

4. Le leadership est temporaire :

On ne peut pas être un leader à tout moment et pour une longue période, l'environnement joue un rôle prépondérant (une situation de crise par exemple peut radicalement bouleverser le leadership dans un groupe). Il appartient au leader d'être capable – lorsque la situation l'exige – de « lâcher » son leadership paisiblement; ce qui implique :

a/- De laisser les leviers du leadership participatif (solliciter les membres du groupe et partager avec eux la responsabilité de la prise de décision) et du leadership délégatif (transférer la responsabilité de la prise de décision) ;

b/- D'être capable de laisser la place aux autres quand c'est nécessaire (notamment lorsqu'une personne est plus compétente sur un sujet donné) ;

c/- Faire preuve d'humilité, car un leader n'existe que par l'intermédiaire de son équipe.

Donc, si le groupe fait confiance à quelqu'un d'autre qui a les visions qui promettent mieux la chose commune.

CHAPITRE 2

" ÉTUDE COMPRÉHENSIVE DES CITATIONS SUR LE LEADERSHIP

Avant que nous puissions nous plonger dans l'étude du leader et du leadership, j'ai choisi quelques 19 citations des autres concernant leurs compréhensions de ce qu'est le leadership. Après chaque citation, j'ai prépare quelques questions pour stimuler la bonne assimilation de celle-ci. Donc, je vous invite de passer le temps, qu'on soit seul ou travaillant en groupe, de d'abord maîtriser toutes les phases du questionnaire.

Le leadership est une sorte de pouvoir de donner aux autres l'envie de s'impliquer pour réaliser un projet collectif ou pour atteindre un but commun. Ce pouvoir ne se décrète pas, il est conféré au leader par son autorité naturelle, par la confiance que les autres lui porte, par son expérience, etc. C'est parce que les autres le considère comme leader qu'il a le pouvoir de les faire agir. Alors, si vous aussi vous souhaitez devenir un véritable bon leader, apprenez d'abord de premières grandes leçons que les citations suivantes vont vous inspirer.

Lisez chacune de ces citations et passez assez de temps pour réfléchir et si possible, discuter cette hypothèse avec d'autres afin de bien comprendre de première main l'importance et la place d'un leader dans toute organe social appelé à réussir.

1. Jean-François Rial

« LE LEADERSHIP EST LE PRODUIT D'UNE PERSONNALITE ATTACHANTE ET ASSOCIEE A UNE FORCE DE CONVICTION LA PERMETTANT D'ENTRAINER LES AUTRES SUR DES PROJETS AMBITIEUX. »

a-Quelle est la relation entre le leadership, sa conviction et le projet en cours?

b- Pourquoi l'idée de formation des autres est importante dans le leadership?

2. Dwight Eisenhower

« LE LEADERSHIP: C'EST L'ART DE FAIRE A QUELQU'UN QUELQUE CHOSE QUE VOUS VOULEZ VOIR FAIT, PARCE QU'IL A ENVIE DE LE FAIRE. »

a- Qu'est-ce que Eisenhower entend par "le leadership est un art?" Est-ce que tout le monde peut être un bon et grand leader si ce n'est pas un art?

b- Pourquoi quelqu'un d'autre doit faire ce que vous voulez voir fait? Et pourquoi est-il nécessaire qu'il ait l'envie de le faire ?

3. Nicolas De Tavernost

« LE LEADERSHIP, C'EST AVOIR CONFIANCE EN SOI ET DONNER CONFIANCE AUTOUR DE SOI. »

a- Quelle est l'importance que le leader ait confiance en lui-même?

b- Donner d'autres synonymes à confiance.

4. Françoise Gri

« LE LEADERSHIP TRADUIT LA CAPACITE D'UN LEADER A OBTENIR DE SES EQUIPES UNE ADHESION FORTE ET DURABLE A LA REALISATION D'UN PROJET AMBITIEUX. »

a- Pourquoi le leader a besoin des équipes d'une adhésion forte et durable?

b- Cette forte adhésion est basée sur sa personne à cause de quoi?

c- Pourquoi devrait-on éviter une telle adhésion basée seulement sur la personne?

d- Trouvez quelques exemples de ces deux genres d'adhésion forte.

5. Pierre Vareille

« LE LEADERSHIP ET LE MANAGEMENT CONTRIBUENT ENSEMBLE A ELABORER ET A EXECUTER UNE CERTAINE STRATEGIE. MAIS C'EST LE LEADERSHIP SEUL QUI DEFINIT LA VISION ET CADRE DES GRANDES ORIENTATIONS STRATEGIQUES DE L'ENTREPRISE. »

a- Peut-on réellement séparer le leadership et le management pour exécuter une certaine stratégie? Pourquoi et pourquoi pas?

b-Pourquoi le management ne s'occupe pas de la vision de l'entreprise?

c-Que veut dire "stratégies"? Donnez quelques exemples.

d-Peut-on parler d'une vraie entreprise sans stratégies?

6. Guillaume Poitrinal

« QUAND LE LEADERSHIP EST JOUE SUR LA DOUBLE PARTITION DE LA RAISON ET DE L'EMOTION, IL EST UN MOTEUR PUISSANT QUI DONNE A DES HOMMES ET A DES FEMMES L'ENERGIE NECESSAIRE POUR DEPASSER LES LIMITES DU POSSIBLE. »

a- Pourquoi un bon leader doit jouer à la fois sur la raison et les émotions pour être un puissant moteur dans un projet d'entreprise?

b- Quelle est la relation entre la raison, les émotions des gens et l'énergie nécessaire pour dépasser les limites du possible? (Motivation!)

c- Définissez le mot motivation; donnez quelques exemples à travers lesquels les gens peuvent trouver de la motion pour dépasser les limites du possible.

7. Georges Pauget

« LE LEADERSHIP, C'EST A LA FOIS ETRE DEVANT ET ALLER DE L'AVANT. »

a/Expliquez cette définition du leadership," être devant et aller de l'avant".

b/Peut-on être devant sans aller de l'avant? Pourquoi et pourquoi pas?

8. Napoléon Bonaparte

Un chef est un marchand d'espérance.

a-Quelle est la place de l'espérance et la réussite d'une entreprise?

b-Quelles sont les similarités entre un marchand et un leader?

9. Peter F. Drucker

La gestion est bien faire les choses, le leadership est faire les bonnes choses.

a- Expliquez en d'autres termes ce que Peter Drucker énonce en ces termes.

b-Est-il possible que les gestionnaire prenne la place du leader et vis-versa? Pourquoi et pourquoi pas?

10. George S. Patton

Ne pas dire aux gens comment faire les choses, dites-leur ce qu'il faut faire et laissez-vous surprendre avec leurs résultats.

a- Quel est le danger de dire aux gens comment faire les choses en tant que leader?

11. Jésus Christ

Si un aveugle conduit un aveugle, ils tomberont tous deux dans le fossé.

a-Dans quelle manière un leader peut être considéré comme un aveugle? Donnez quelques exemples de leadership aveugle.

12. Sam Rayburn

Vous ne pouvez pas être un leader, et demander aux autres de vous suivre, sauf si vous savez comment suivre aussi.

a-Dans quelle manière un leader peut exactement faire ce que dit Sam Rayburn?

b-Quelles seraient les conséquences d'un tel leadership?

13. Andrew Carnegie

Ci-gît un homme qui a su faire appel au service de meilleurs hommes que de lui-même.

a- D'après Andrew Carnegie, quelle est l'importance du choix des membres des équipes collaborateurs du leader?

b- Quelle est l'importance du bout de phrase "savoir faire appel".

14. Henry Gilmer

Regarde par-dessus votre épaule de temps en temps pour être sûr que quelqu'un te suit.

a- Les conséquences possibles d'une entreprise dont le leader ne suit pas ce conseil.

b- Les raisons de continuellement de temps en temps regarder par-dessus ses épaules?

15. Manfred Kets de Vries

La force d'articuler une vision harmonieuse et pragmatique, étroitement liée à l'art de la communication, de persuader et d'approuver les coalitions de changement suppose un leadership.

a- Nommez les quatre éléments nécessaires, qui définissent le leadership. Démontrez-le.

b-Quelle est la relation entre la vision et le changement vers ce qui est meilleur?

16. Kouzes and Posner

Le leadership est l'art de mobiliser les autres à vouloir se battre pour des aspirations communes.

a-Nommez au moins trois éléments nécessaires dans cette phrase, qui manquent dans la majorité du leadership africain. Démontrerez la réalité de cette conclusion.

17. Rost

Le leadership est une relation d'influence entre les leaders et les suiveurs qui ont l'intention de réels changements qui reflètent leurs besoins mutuels.

a-Peut-on être qualifié de bon et grand leader s'il y a un certain pourcentage d'égoïsme, de tribalisme, de sexisme et de partialité dans son leadership?   Pourquoi et pourquoi pas?

18. Kotter

Le leadership est un processus de produire des changements, en fixant une direction sur leur alignement et motiver les gens.

a-Quelle est l'importance de veiller sur le processus, la fixation de la direction et la motivation des équipes?

19. R. J. House

Le leadership est la capacité d'un individu d'influencer, de motiver et de permettre à d'autres de contribuer à l'efficacité et au succès des organisations dont ils sont membres.

a- Pourquoi la contribution des autres est nécessaire pour l'efficacité et le succès des organisations dont on est membres?

b-Trouvez les équivalents de "influencer" dans cette définition.

II – DEVOIRS:

a- Après avoir couvert cette première partie des citations des autres accompagnées par les questions de compréhension de chacune, écrivez deux ou trois citations personnelles de votre compréhension de ce qu'est le leadership.

b- Dans quelle mesure ces citations ont ouvert vos yeux pour mieux comprendre les attentes d'une société, ou des organisations comme les nôtres ont besoin du leadership selon les citations que nous venons de couvrir.

c- Baser sur ce chapitre, parlez des défauts d'un mauvais leadership.

CHAPITRE 3

" PAR QUOI RECONNAÎTRE UN LEADER"

Chaque fois qu'on se retrouve avec les autres, il est facile de reconnaître celui qui incarne l'art de leadership à travers qualités suivantes:

1-Celui qui veut devenir un bon leader a la capacité de persuader, de convaincre, d'influencer, d'inspirer, de guider et de conduire d'autres individus vers un but commun. Il ne s'agit pas seulement de persuader les autres, mais de faire d'eux ses associés pour une cause commune. Il y a des gens qui savent persuader et convaincre les autres pour des causes personnelles, égoïstes et le plus souvent pour des causes non bienfaisantes. Le type de leader dont il s'agit est le genre qui bâtit les sociétés, regroupe les autres de bonne volonté pour marquer l'histoire. Ce genre de leader ne pense pas à lui-même, mais travaille pour la cause commune.

2- Celui qui peut devenir un bon leader utilise l'art de mobiliser, d'obtenir l'adhésion et la détermination volontaires des autres membres du groupe. Celui-ci maîtrise quelques forces, traits et qualités spécifiques qui lui sont personnels innés. On peut bien aller à l'école, lire les livres et s'associer à ceux qui ont ces forces, traits et qualifies; c'est difficile qu'on puisse les acquérir parfaitement. Les qualifies de leader sont innées, mais on peut seulement les développer et non les acquérir. Selon le livre écrit par W. Bennis et publié en 1991, titré <u>"Profession leader"</u>, ces forces, traits et qualifies spécifiques sont personnellement dominants

3. Celui qui peut devenir leader vit d'une certaine passion. Pour ceux qui le connaissent, et parfois allant même de son enfance, ils vous diront qu'il a une passion spéciale pour une certaine perspective de la vie; on dirait qu'il a une vocation pour devenir quelque chose professionnel. Quand celui-ci se met à partager, à expliquer sa passion aux autres en leur expliquant ses motivations, il a la capacité de conférer aux autres ses inspirations, ses vues et ses espoirs. Il fait sentir aux autres ce qu'il sent leur permettant de voir la destinée de son imagination. Il sait comment communiquer cet enthousiasme qui gît en lui en choisissant les mots et expressions convainquant.

Celui qui peut devenir leader a le don de vendre ses idées et recevoir l'appui de tous ceux qui l'écoutent.

3. Celui qui deviendra un leader connaît la valeur de l'intégrité qu'il pratique chaque jour. Si on cherche celui qui est intègre, c'est un tel homme qu'on doit nommer dans ses environs. Vous voyez, l'une des qualités nécessaires d'un leader d'avoir une conscience innée et cultivée dans l'intégrité, dans la sincérité, dans la vérité et la justice sociale. Quelque chose qui se lit dans les déclarations et comportements quotidiens.

4. Celui qui deviendra leader connaît déjà la valeur de la persévérance, de l'attention prêtée aux autres, et l'habilité de travailler avec les autres […] en disant la vérité.

5. Celui qui deviendra leader doit avoir accumuler l'expérience qui l'aide à prendre de bonnes décisions et à savoir identifier rapidement les problématiques.

6. Celui qui a la tendance de devenir leader sait comment gagner la confiance des autres. On ne lui donne pas la confiance, mais il la gagne de plus en plus

7. Avant de devenir leader, il faut être curieux, audacieux et courageux. Un leader est quelqu'un qui sait poser des questions et cherche à comprendre dans la vie. C'est quelqu'un qui fait monstre de créativité, de vision et d'initiative. Il n'a pas peur de sortir des sentiers battus pour trouver de nouvelles solutions innovantes. Par ce trait de caractère, il fait une bonne envie des autres qui cherchent à le suivre dans son succès. (C'est dans cette mesure qu'il déviant leur leader).

8. Celui qui devient leader a déjà en lui, dans sa nature du charisme dans de nombreux contextes. Cette qualité seule n'est pas toujours suffisante. La complexité des relations humaines demande au leader d'être d'autant plus intègre et visionnaire que moins charismatique.

9. Voici un point très important s'agissant du leadership: Le leadership n'est pas un pouvoir qui s'établit par la structure hiérarchique d'une organisation; c'est une position de catalyseur entre différents éléments qui sont les acteurs dans une organisation sociale. Le gestionnaire n'est pas nécessairement un leader. Ce dernier peut mener son équipe vers les objectifs fixes; seul le leader est nécessaire pour inspirer les équipes à faire en sorte que les objectifs de l'organisation soient volontairement dépassés. D'ailleurs, dans bientôt, les gestionnaires seront menés davantage à être de vrais leaders s'ils veulent permettre la croissance de leur organisation ou la progression de leur carrière.

Nous venons de couvrir les 9 qualités ou traits innés qu'on trouve le plus souvent chez les personnes qui deviennent des leaders: la passion pour quelque chose, l'intégrité dans sa vie quotidienne, un homme persévérant et qui prête attention aux autres, un homme expérimenté habilité de prendre de bonnes décision, quelqu'un capable de gagner la confiance des autres et un homme charmant dans le bon sens. La suite des qualités suivantes n'est pas la moindre: on ne peut devenir leader si on n'est pas curieux, audacieux et courageux. Ces qualités sont innées en tout bon et grand leader dans toutes les sociétés du monde.

LES TROIS PLUS IMPORTANTES QUALITÉS D'UN LEADER PERFORMANT

Nommons ici les trois qualités d'un leaders performant:
(1) Il aide les gens à se responsabiliser pour atteindre un objectif commun en tant que groupe.
(2) Le leader n'est pas un patron, un parent, un coach, un politicien, ou quelqu'un qui occupe une quelconque fonction sociale. Son rôle est de guider les autres à assumer leurs

rôles.

Enfin, (3) un leader performant sait comment amener les gens à se dépasser afin d'obtenir le maximum de résultats sous un minimum de supervision.

D'après ces trois qualités du leader, nous pouvons tirer les conclusions suivantes:

A. La nature et la place du leader dans un corps donné est celui d'un facilitateur. Il est un sous-acteur, l'huile lubrificatrice de la machine et l'esprit dans le corps.

B. Les titres comme patron, boss et autres qu'on utilise dans les hiérarchies n'ont pas de sens quand il s'agit d'un bon et grand leader. Sa place se reconnaît dans la motivation du personnel et leur rendement dépassant les prévissions.

C. La définition des responsabilités promet le leader au rang de bon communicateur.

CHAPITRE 4

LE LEADER EST UN PROMOTEUR D'UNE GESTION D'ACTIVITÉS

Le leader conduit l'employé à devenir responsable quand il prend son temps pour lui expliquer en profondeur et de plusieurs manières les raisons pour lesquelles il arrive à prendre telle ou telle action. Lorsque les décisions sont prises par la direction et que les motifs, qui sont les fondements ou les bases de ces prises de position, sont bien communiqués et à temps, l'employé est en mesure de prendre ses propres décisions sans avoir besoin de recourir constamment au patron lorsqu'une situation inhabituelle survient. La gestion sur la base d'activités élimine la subordination, développe les personnalités responsables, et promet le rendement personnel et collectif.

Un leader performant est celui qui aide à développer la confiance chez les gens afin qu'ils deviennent de plus en plus autonomes et qu'ils choisissent les meilleures options en fonction des résultats collectifs désirés. Malheureusement, on rencontre encore beaucoup de chefs d'entreprises qui demandent indirectement aux employés de laisser leur cerveau à la porte avant d'entrer au travail et de le reprendre à la sortie. Cette dernière manière est l'approche de «

gestion de résultats » parce que l'employé devient un robot et non une personne responsable.

Voici, de façon plus détaillée, les trois plus importantes qualités requises d'un chef de file pour qu'il obtienne cette responsabilisation

1. Il établit et communique clairement les objectifs et les motifs: C'est son travail de communiquer clairement les objectifs et motifs de l'entreprise aux employés qui devraient les atteindre en tant que résultats. Si vous voulez que les gens vous suivent, vous devez savoir où vous désirez aller. Ces buts doivent être faciles à comprendre et ils doivent être mesurables afin que les gens sous votre responsabilité puissent les évaluer et qu'ils sachent où ils sont rendus à tout moment dans le processus. Après avoir fait connaître vos objectifs, vous devez déterminer et communiquer les raisons pour lesquelles vous désirez les réaliser. Alors, faites une liste des cinq plus importantes raisons pour lesquelles vous et votre équipe devez actualiser ces buts. Plus vos raisons sont fortes et solides, plus vos chances d'atteindre votre cible sont grandes.

2. Il utilise une communication rétroactive:
Ce n'est pas ce que vous dites qui est important, c'est ce que les gens comprennent et retiennent de votre message, ce qui

est fort différent. Beaucoup de meneurs prennent pour acquis que le fait de l'avoir dit une fois, ou même deux, implique automatiquement que les membres de l'équipe ont compris le message et qu'ils vont tous agir en fonction de ce que vous leur avez communiqué. Il est de votre devoir de vérifier le niveau de compréhension chez les gens qui sont sous votre direction et pour en arriver là, que devez-vous faire? Hé bien, les bons chefs questionnent beaucoup et réitèrent leur message en s'assurant que chaque fois, il est présenté d'une façon différente, et ce, jusqu'à ce que la compréhension de l'interlocuteur ait été captée et comprise à 100 %.

3. Il est un modèle par ses actions:

Le leader performant est un exemple non seulement dans ses paroles, mais surtout dans ses actes, car ses agissements produisent un effet beaucoup plus fort que ce qu'il dit. Il aura toujours beaucoup de difficultés à être un bon dirigeant si ses actions ne sont pas en parfaite harmonie avec ses paroles. Les gens sont hésitants à suivre un dirigeant qui demande aux autres de faire des choses qu'il ne peut accomplir lui-même. Les valeurs auxquelles vous croyez et que vous avez établies doivent d'abord être vécues par vous, sinon vous serez considéré comme un imposteur. Si vos actions ne vous positionnent pas comme un exemple à suivre, vous vous engagez dans un combat sans fin avec vos subalternes.

Votre rôle en tant que leader demeure la pierre angulaire de la réussite, dans votre entreprise, dans votre famille ou votre une équipe. En fait, votre capacité à faire travailler les gens d'une façon qui soit performante doit amener la synergie de groupe vers la réalisation d'un objectif commun.

Devenir un excellent chef est un apprentissage quotidien et permanent. Même si certaines personnes ont de meilleures prédispositions pour devenir un bon meneur, on ne naît pas leader, on le devient. Appliquez-vous donc chaque jour à améliorer les trois qualités citées plus haut et, assurément, tôt ou tard, vous obtiendrez de la part de votre équipe des résultats exceptionnels.

CHAPITRE 5

DIX QUALITÉS INDISPENSABLES
POUR DEVENIR UN LEADER

Ces dernières années, l'une des investigations les plus notables du domaine de la psychologie moderne a été d'étudier les traits caractéristiques des leaders.

Le moins que l'on puisse dire, c'est qu'aujourd'hui plus que jamais, être un bon dirigeant implique des qualités intrinsèques sans lesquelles il serait quasi impossible de mener une entreprise, une institution ou des hommes à bien dans un environnement socio-économique de plus en plus mouvementé.

D'aucuns diraient qu'être un leader relève d'un atout naturel et inné. Mais la vérité est que des milliers de personnes en sont devenues un, alors même que l'évidence ne les y prédestinait pas. Ainsi donc, tout homme guidé par une ardente volonté d'être un bon meneur d'hommes peut devenir un leader, et ainsi se forger une force de caractère lui permettant non seulement de surmonter les plus grands obstacles, mais aussi de mener une foule de personnes vers la réalisation d'un objectif commun.

Quelles sont donc les caractéristiques communes aux grands leaders ? C'est ce que nous vous invitons à découvrir à travers les résultats de recherches menées par divers psychologues émérites.

Mais avant…Qu'est-ce qu'un leader ?

Dans le livre « Review and General Psychology », les psychologues
américains Robert Hogan et Robert B. Kaiser définissent le leader comme un homme doté d'une habileté à diriger un groupe, une équipe ou une organisation (entreprise, institutions…), tout en exerçant une influence positive sur ces derniers.

Étymologiquement, le mot leader vient de la racine « lead », mot anglais qui veut dire « mener », « conduire » ou « diriger ». On comprend donc aisément qu'un leader est celui-là qui est capable de mener ou de diriger une institution à travers ses hommes.

Contrairement à ce que cela laisse entendre, le leader n'est pas que celui qui est à la tête d'un groupe ou d'une institution. Tout homme ayant une responsabilité à quelque niveau que ce soit peut faire preuve de leadership. Voici les
10 caractéristiques des leaders charismatiques

---

1. Il a la vision:

Un bon leader est avant tout un bon visionnaire. Il creuse en dessous des apparences et va dénicher des idées nouvelles et innovantes. Il a l'habileté de voir le monde du futur. Cette qualité implique une bonne intuition et une détermination à faire les choses différemment.

2. Vision en mission

Être un bon visionnaire est une chose, mais aussi faudrait-il savoir traduire ses visions en missions. Le leader sait exactement ce qu'est sa mission. Il sait pourquoi son entreprise, son groupe ou son institution existe, et il se fixe des objectifs clairs et précis à atteindre. Des objectifs si clairs qu'il n'a aucune difficulté à les transmettre aisément à son équipe afin de la fédérer autour de la mission qu'il s'est assignée.

3. Il a la passion/la motivation:

Un bon leader est forcément un passionné. Il aime ce qu'il fait et sait que c'est sa raison d'être. Il travaille avec enthousiasme et est un homme motivé.
La quasi-totalité des leaders étudiés par les psychologues ont ce point en commun : ce sont des hommes « obsédés » et extrêmement focalisés sur leur mission.

4. Il a la faculté de prendre de bonnes décisions:

Prendre des décisions est la chose la plus courante du

quotidien du leader. Qu'il s'agisse d'une décision de grande ou de petite envergure, le vrai leader sait faire preuve d'un grand sens de responsabilité et sait assumer ses choix. Il ne laisse pas le doute peser sur lui et le faire dévier face à ses convictions.

« JE NE ME SOUCIE PAS DU FAIT QUE MES DECISIONS SOIENT LES BONNES OU LES MAUVAISES. QUAND JE PRENDS UNE DECISION ET EN SUIS CONVAINCU, JE M'ARRANGE POUR QU'ELLE SOIT LA BONNE » —
Muhamed Ali.

4. Il a une persévérance:

C'est la première caractéristique des hommes déterminés. C'est l'aptitude à aller jusqu'au bout de ses idées et à les concrétiser.

Le parfait exemple pour illustrer la persistance est une anecdote relative à Henry Ford, le créateur de la marque FORD, qui est jusqu'à ce jour l'une des plus importantes dans le monde de l'automobile. Au début des années 1930, pour faire face à la concurrence et à la crise économique née en 1929, Henry Ford eut l'idée de produire un moteur V-8 (8 cylindres en un seul bloc) conçu pour être le plus économique du marché. Cela impliquait des conditions très improbables, mais il demanda immédiatement à ses ingénieurs de le concevoir. Ces derniers étaient catégoriques et unanimes : « Ce moteur est impossible à concevoir ». Ford leur répondit : "Faites-le quand même ".

Après plusieurs mois passés à réfléchir, les ingénieurs en étaient toujours incapables. Ils repartent voir Ford pour lui faire part une énième fois de l'impossibilité de concevoir le moteur. « Continuer » leur dit-il. "Je le veux, et je l'aurai." Ils reprirent leurs travaux, et quelques semaines après, comme par magie, ils découvrirent le secret de la construction du moteur V8 le plus économique. C'est ainsi qu'est né le fameux moteur Ford V-8, par le fruit de la persévérance de Henry Ford.

6. Il a la confiance en soi:

Nul ne peut susciter la confiance des autres s'il ne l'a en lui-même. La confiance en soi est une qualité importante que tout bon leader charismatique doit posséder. Il s'agit de croire en son potentiel et en ses capacités à atteindre ses objectifs, quels que soient les obstacles qui se dressent en embûche. Avoir confiance en soi, c'est être un homme convaincu, avoir une vision forte et la volonté de la voir s'accomplir ; c'est savoir dire « c'est possible » quand tout le monde prétend le contraire.

7. Il a une grande présence d'esprit:

C'est une capacité indispensable au bon leader. Elle lui permet d'anticiper les situations les plus critiques. Elle implique une grande attention et un état d'esprit alerte. Le leader voit le danger venir de loin et s'y prépare à temps.

8. Il a de l'empathie:

C'est savoir se mettre à la place des autres et se montrer réceptif à leurs impressions. Quand ceux qui vous suivent savent que vous êtes compréhensif et ouvert, ils seront plus motivés et plus enclins à collaborer avec vous et à partager votre vision.

9. Il a une grande intelligence émotionnelle:

C'est la faculté à maîtriser ses émotions, à appréhender la tension et la pression du quotidien. Le leader charismatique a la merveilleuse aptitude de savoir garder son sang-froid et une grande lucidité, quelle que soit la situation dans laquelle il se trouve. Être émotionnellement intelligent, c'est aussi savoir transmettre cet état d'esprit à ses administrés.

10. Il a de la modestie:

Les leaders ; les vrais ; ceux qui savent créer l'enthousiasme chez les autres sont des personnes d'une grande modestie. Quel que soit leur degré de hauteur sur l'échelle sociale, ils savent se montrer accessibles, et leurs relations avec les autres sont des plus naturelles. Il n'y a rien de tel pour forcer le respect, tout en maintenant une bonne atmosphère de collaboration.

Voilà énumérées 10 des qualités les plus courantes chez les leaders. IL S'AGIT BIEN SUR DE QUELQUES CARACTERISTIQUES QUE DOIT PROCEDER LE LEADER IDEAL. Mais vu que tout homme reste perfectible,

---

ces qualités dans leur ensemble ne sont pas forcément le propre de tous les leaders, bien que la plupart d'entre elles soient incontournables.

CHAPITRE 6

LES QUINZE (15) DIFFÉRENTS STYLES DE LEADERSHIP

Selon la recherche par « asa center », le style de leadership est la façon dont une personne utilise le pouvoir de diriger d'autres personnes. La recherche a identifié une variété de styles de leadership basée sur le nombre de disciples. Le style de leadership le plus approprié dépend de la fonction du leader, des adeptes et de la situation.

Certains dirigeants ne peuvent pas travailler confortablement avec un degré élevé de participation des employés ou des sujets dans la prise de décision. Certains employeurs n'ont pas la capacité ou le désir d'assumer la responsabilité. En outre, la situation spécifique aide à déterminer le style le plus efficace d'interactions. Parfois, les dirigeants doivent traiter les problèmes qui nécessitent des solutions immédiates sans consulter les sujets.

Nous allons couvrir 12 types différents façons dont les gens ont tendance à diriger les organisations ou d'autres personnes.

Pas tous ces styles seraient jugés adaptés à toutes sortes de situations, vous pouvez les étudier et voir lequel s'adapte droit à votre entreprise ou la situation.

1. Leadership autocratique :

Le style de leadership autocratique est centré sur le patron. Dans ce leadership, le leader détient toute autorité et responsabilité. Dans ce leadership, les leaders prennent leurs propres décisions sans consulter leurs subordonnés. Ils prennent des décisions, les communiquent aux subordonnés et s'attendent à une mise en œuvre rapide. L'environnement de travail autocratique a normalement peu ou pas de souplesse.

Dans ce genre de leadership, les lignes directrices, les procédures et les politiques sont tous des ajouts naturels d'un leader autocratique. Statistiquement, il y a très peu de situations qui peuvent vraiment soutenir le leadership autocratique.

Voici quelques-uns des leaders qui soutiennent ce genre de leadership: Albert J Dunlap (Sunbeam Corporation) et Donald Trump (Trump Organization) entre autres.

2. Leadership démocratique :

Dans ce style de leadership, les subordonnés sont impliqués

dans la prise de décisions. Contrairement à l'autocratie, cette direction est centrée sur les contributions des subordonnés.

Le leader démocratique assume la responsabilité finale, mais il est connu pour déléguer l'autorité à d'autres personnes, qui déterminent les projets de travail.

La caractéristique la plus unique de ce leadership est que la communication est active vers le haut et vers le bas. En ce qui concerne les statistiques, le leadership démocratique est l'un des leaders les plus privilégiés, et il implique ce qui suit: l'équité, la compétence, la créativité, le courage, l'intelligence et l'honnêteté.

3. Style de leadership stratégique :

Le leadership stratégique est celui qui implique un leader qui est essentiellement le chef d'une organisation. Le leader stratégique ne se limite pas à ceux qui sont au sommet de l'organisation. Il s'adresse à un public plus large à tous les niveaux qui veulent créer une vie de haute performance, une équipe ou une organisation.

Le leader stratégique comble l'écart entre la nécessité d'une nouvelle possibilité et la nécessité de la praticité en fournissant un ensemble prescriptif d'habitudes. Un leadership stratégique efficace délivre les biens en fonction de ce qu'une organisation attend naturellement de son leadership en période de changement. 55% de ce leadership implique normalement une réflexion stratégique.

4. Leadership transformationnel :

Contrairement à d'autres styles de leadership, le leadership transformationnel est tout au sujet d'initier le changement dans les organisations, les groupes, soi-même et d'autres. Les leaders transformationnels motivent les autres à faire plus qu'ils ne l'avaient prévu à l'origine et souvent même plus qu'ils ne le pensaient possible. Ils fixent des attentes plus difficiles et généralement obtenir des performances plus élevées.

Statistiquement, le leadership transformationnel tend à avoir des adeptes plus engagés et satisfaits. Cela est principalement dû au fait que les leaders transformationnels donnent pouvoir aux adeptes.

5. Leadership d'équipe :

Le leadership d'équipe implique la création d'une image vivante de son avenir, où il se dirige et ce qu'il représentera. La vision inspire et fournit un fort sens de l'objectif et la direction.

Le leadership d'équipe consiste à travailler avec les cœurs et les esprits de tous ceux qui sont impliqués. Il reconnaît également que le travail d'équipe peut ne pas toujours impliquer la confiance dans les relations de coopération. L'aspect le plus difficile de ce leadership est de savoir s'il réussira ou non. Selon Harvard Business Review, le leadership de l'équipe peut échouer en raison de mauvaises qualités de leadership.

6. Leadership interculturel

Cette forme de leadership existe normalement là où il y a différentes cultures dans la société. Ce leadership s'est également industrialisé comme un moyen de reconnaître les premiers coureurs qui travaillent sur le marché mondialisé contemporain.

Les organisations, en particulier les organisations internationales, exigent des dirigeants qui peuvent effectivement ajuster leur leadership pour travailler dans des environnements différents. La plupart des directions observées aux États-Unis sont transculturelles en raison des différentes cultures qui y vivent et y travaillent.

7. Facilitation du leadership

Le leadership facilitation est trop dépendante des mesures et des résultats - pas une compétence, même si elle prend beaucoup de compétences à maîtriser. L'efficacité d'un groupe est directement liée à l'efficacité de son processus. Si le groupe est en bon état de fonctionnement, le leader facilitation utilise une main légère sur le processus. D'autre part, si le groupe est peu fonctionnel, le leader facilitateur aura plus de directives pour aider le groupe à exécuter son processus. Un leadership facilitation efficace implique le suivi de la dynamique de groupe, offrant des suggestions de processus et des interventions pour aider le groupe à rester sur la bonne voie.

8. Laissez-faire Leadership

Le leadership laissez-faire donne l'autorité aux employés. Selon aze central, les ministères ou les subordonnés sont autorisés à travailler comme ils le souhaitent avec une interférence minimale ou aucune. Selon la recherche, ce genre de leadership a été constamment trouvé pour être le moins satisfaisant et moins efficace style de gestion.

9. Leadership transactionnel

C'est un leadership qui maintient ou continue le statu quo. C'est aussi le leadership qui implique un processus d'échange, par lequel les adeptes obtiennent des récompenses immédiates et tangibles pour la réalisation des ordres du leader. Le leadership transactionnel peut sembler plutôt basique, avec son accent sur l'échange.

Être clair, se concentrer sur les attentes, donner des commentaires sont toutes les compétences de leadership important. Selon Boundless.com, les comportements de leadership transactionnel peuvent inclure: (a) clarifier ce qui est attendu de la performance des adeptes; (b) Expliquer comment répondre à ces attentes; (c) Et attribuer des récompenses qui sont subordonnées à la réalisation des objectifs.

10. Leadership des entraîneurs

Le leadership des entraîneurs consiste à enseigner et à superviser les adeptes. Un chef de coaching est très opérationnel dans le cadre où les résultats / performances nécessitent une amélioration. Fondamentalement, dans ce genre de leadership, les adeptes sont aidés à améliorer leurs compétences. Le leadership des entraîneurs fait ce qui suit: motive les adeptes, inspire les adeptes et encourage les adeptes.

11. Leadership charismatique

Dans cette direction, le chef charismatique manifeste son pouvoir révolutionnaire. Le charisme ne signifie pas un changement de comportement. Il implique réellement une transformation des valeurs et des croyances des adeptes. Ainsi, cela distingue un leader charismatique d'un leader simplement populiste qui peut affecter les attitudes envers des objets spécifiques, mais qui n'est pas préparé comme le leader charismatique est de transformer l'orientation normative sous-jacente qui structure des attitudes spécifiques.

12. Leadership visionnaire

Cette forme de leadership implique des dirigeants qui reconnaissent que les méthodes, les étapes et les processus de leadership sont tous obtenus auprès et à travers les gens. La plupart des grands et des leaders réussis ont les aspects de la vision en eux.

Toutefois, ceux qui sont très visionnaire sont ceux qui sont considérés comme exposant leadership visionnaire. Des leaders exceptionnels transformeront toujours leurs visions en réalités.

13. Leaders axés sur les tâches

Les dirigeants axés sur les tâches se concentrent uniquement sur le travail accompli et peuvent être autocratiques. Ils définissent activement le travail et les rôles requis, mettent en place des structures et planifient, organisent et surveillent le travail. Ces dirigeants exécutent également d'autres tâches clés, telles que la création et le maintien de normes de performance.

Cependant, parce que les dirigeants axés sur les tâches n'ont pas tendance à penser beaucoup au bien-être de leur équipe, cette approche peut souffrir de nombreuses lacunes du leadership autocratique, y compris la motivation et les problèmes de rétention.

14. Leaders bureaucratiques

Les dirigeants bureaucratiques travaillent «par le livre». Ils suivent rigoureusement les règles et veillent à ce que leurs gens suivent les procédures avec précision. Ce style de leadership suit un ensemble étroit de normes. Tout est fait d'une manière exacte et spécifique pour assurer la sécurité et / ou l'exactitude. Vous trouverez souvent ce rôle de leadership dans une situation où l'environnement de travail est dangereux et des ensembles de procédures spécifiques sont nécessaires pour assurer la sécurité. Un leader bureaucratique naturel aura tendance à créer des instructions détaillées pour les autres membres d'un groupe.

L'inconvénient de ce style de leadership est qu'il est inefficace dans les équipes et les organisations qui s'appuient sur la flexibilité, la créativité ou l'innovation.

15. Les dirigeants serviteurs

Les chefs serviteurs conduisent souvent par l'exemple. Ils ont une intégrité élevée et conduisent avec générosité. À bien des égards, le leadership serviteur est une forme de leadership démocratique parce que toute l'équipe a tendance à être impliqué dans la prise de décision. Toutefois, les chefs serviteurs souvent «conduire par derrière», préférant rester à l'écart des feux de la rampe et laissant leur équipe acceptent la reconnaissance pour leur dur labeur.

Cependant, d'autres personnes croient que dans les situations de leadership concurrentiel, les gens qui exercent le leadership serviteur peuvent se retrouver laissés par des dirigeants utilisant d'autres styles de leadership. Ce style de leadership prend également du temps pour appliquer correctement: il est mal adapté dans les situations où vous devez prendre des décisions rapides ou respecter les délais serrés.

CHAPITRE 7

LES 6 STYLES DE LEADERSHIP

Le leadership se constitue d'un ensemble de qualités personnelles et de compétences relationnelles. Daniel Goleman met en exergue 6 styles de leadership dans la Harvard Business Review : le directif, le chef de file, le leader visionnaire, le leader collaboratif, le leader participatif et le leader qu'ils surnomment « coach ».

1. Le leadership direct (Coercive)

Comme le présente Blanchard dans sa théorie du management situationnel, le leadership directif est le plus autoritaire. Il est moins fondé sur le relationnel que les 5 autres types de leadership.

Il impose comme slogan « Faites ce que je vous dis de faire » ainsi il commande des directives. Ce style de management a l'avantage de développer des avancées rapides et concrètes. Mais si celui-ci n'est pas utilisé à bon escient, il peut engendrer une résistance passive chez ses salariés et s'avérer contre-productif. Souvent mis en place en cas de crise majeure, le leadership directif permet de prendre un virage serré dans une situation particulière, avec certaines personnes. Le manager a besoin d'être le seul décisionnaire.

2. Le leadership comme chef de file (Pacesetting)

Non moins exigent que le leader directif, le chef de file attend de ses collaborateurs l'excellence. C'est lui qui, avec un soupçon d'autorité, montre l'exemple à suivre, il donne le rythme. Pour son équipe, il souhaite atteindre le plus haut niveau de performance.

Il est comme son cousin directif, davantage concentré sur les objectifs plutôt que sur une vision d'ensemble. Etant moins attentif sur l'Humain, ce type de management a parfois des répercutions négatives car il écarte ceux qui ne suivent pas le leader. Si l'équipe au complet parvient à suivre la cadence imposée par le leader, les objectifs sont efficacement atteints. Pour avoir un maximum de chance d'être suivi, le leader doit prendre son rôle de modèle au sérieux. En montrant l'exemple il stimule la motivation de ses salariés.

3. Le leadership visionnaire (Authoritative)

C'est un leader charismatique qui fédère ses équipes autour d'une idéologie, une vision. Il donne le pourquoi, le sens de cette vision mais il laisse à ses managers le soin de s'occuper de la manière dont procéder à la réalisation.

Son atout ? La communication. Il sait comment parler à ses équipes, comment rebooter leur énergie. Il est toutefois nécessaire de faire attention à ne pas être trop évasif dans sa manière de faire passer la vision. Il faut qu'elle soit directement applicable ! En véritable orateur, le leader visionnaire apporte du sens aux changements, il sait fédérer autour de ses objectifs.

4. Le leadership collaboratif (Affiliative)

Il cherche essentiellement la cohésion, l'expertise et l'harmonie. Il laisse une grande place à l'échange pour comprendre les besoins de ses équipes, identifier les problèmes rapidement. Cette vision renforce la motivation et la confiance des collaborateurs à court terme (voire à moyen terme).

Le leader collaboratif rencontre rapidement des limites avec des collaborateurs très performants qui attendent un modèle plus exigent comme le Chef de file. Le leader collaboratif ne valorise que le groupe et ne permet pas aux individus de s'épanouir à titre individuel.

5. Le leadership participatif (Démocratique)

Il prône l'intelligence collective en premier lieu. Il laisse tous les membres de son équipe participer, prendre des initiatives. Pour le leader participatif le dialogue est la clé de LA bonne idée. Dans ce climat, chacun se sent entendu et surtout écouté. Ce style améliore la créativité par le brainstorming. Il est efficient sur un terme plutôt long.

Dans la quête du changement, ce style de leadership peut être efficace. Il permet d'obtenir démocratiquement l'engagement de ses collaborateurs.

6. Le leader "coach " (Coaching)

Il vise l'autonomie de chaque membre de son équipe et les aide à développer des compétences. Il croit au potentiel de chacun de ses salariés. Il invite les membres de son équipe à être visionnaire pour eux-mêmes.

C'est un management ambivalent, il s'agit de donner les clés de la réussite tout en laissant l'autonomie. Plusieurs difficultés se présentent au « coach ». Il doit cultiver l'intelligence collective tout en veillant à ne pas négliger ses propres objectifs. Il doit poser des limites justes, définies et efficaces. Il a besoin de mettre en marche le feedback constructif. Ce type de leadership s'applique pour un projet à long terme, il n'est pas efficient quand il s'agit de rendre compte de résultats rapidement.

CHAPITRE 8

QUELS SONT CEUX QUI MARQUENT L'HISTOIRE ?

La Chimie des affaires à travers les âges :

Il y a plusieurs façons de laisser sa marque dans le monde, peu importe ton type de chimie des affaires. Les quatre personnages historiques suivant ont laissé leur marque dans l'histoire du monde parce qu'ils ont su comment la chimie des affaires qu'ils ont incarné.

1.La Reine Victoria: Elle incarnait le type de leader Gardien. La reine Victoria était la monarque britannique qui a eu le règne le plus longue dans l'histoire. Elle était l'avocate de tout ce qui a fait preuve et qui était vrai. C'est à cause de cela qu'une ère entière était nommée d'après elle! Avec son style basé sur le principe de contrôle méticuleux, Victoria est un grand exemple du type de gardien.

2. «De grands événements me laissent tranquille et calme; Ce ne sont que des bagatelles qui irritent mes nerfs. »- Reine Victoria

3. Le Président Théodore Roosevelt: Il incarnait le type de leader Pilote

Theodore Roosevelt était le plus jeune président américain jamais assermenté à l'âge de 42 ans et le premier américain à remporter le prix Nobel de la paix. Sa prise en charge, expérimentale et sans jamais tenté était de type d'un pilote : S'il rencontrait, que ce soit un problème asthmatique de son propre enfant, un exploit politique ou une question de génie pour la construction du canal de Panama, il se mettait à l'œuvre pour enfin franchir cet obstacle. Comme Président, il fut fusillé pendant une campagne et a même continué de prononcer un discours de 90 minutes. Pour lui, après tout, ce n'était qu'une simple balle dans son corps.

«Un garçon qui sera un grand homme ne doit pas se penser à vaincre mille obstacles, mais à gagner malgré mille obstacles et défaites.» - Theodore Roosevelt

4. Le Président Nelson Mandela: Il incarnait le type de leader Intégrateur

Nelson Mandela était un intégrateur exemplaire. Après avoir passé près de trois décennies en prison pour ses activités révolutionnaires anti-apartheid, il est devenu le premier président sud-africain à être élu par des élections démocratiques pleinement représentatives. Il a atteint ce sommet à cause de sa capacité de rassembler les gens, à se connecter au niveau personnel et à bâtir la confiance en s'écoutant. Aujourd'hui, il y a un une araignée, une limace de mer, une particule nucléaire portant son nom et même un jour, déclaré par les Nations Unies - Juillet 18 Nelson Mandela Journée internationale., "Si vous voulez faire la paix avec votre ennemi, travaillez avec lui. Faites de lui votre partenaire. "- Nelson Mandela

5. Earnest Shackleton: Pionnier : Il incarnait le type de leader pionnier. Un exemple d'un pionnier, Earnest Shackleton était un explorateur polaire qui était reconnu pour ses accomplissements audacieux. Il était désigné comme la «vie et l'âme» des navires qu'il a navigué, soulevant les esprits de l'équipage par ses singeries et son esprit spontané, optimiste et infatigable. Lors de la sélection de 26 membres d'équipage de 5000 candidats à l'expédition d'endurance, Shackleton a testé la capacité de chant en plus de compétences plus pratiques. Cela s'est avéré utile lorsque le navire a été glacé et finalement écrasé et perdu - tous les soirs de chanter étaient un moyen de l'équipage a maintenu leur moral tout en vivant sur le navire pris au piège, puis la banquise polaire pendant plusieurs mois.

«Il est dans notre nature d'explorer, d'atteindre l'inconnu. Le seul véritable échec serait de ne pas explorer du tout. »- Ernest Shackleton.

Quel type de marque allez-vous faire?

Rendez flexible votre style d'influence pour stimuler votre impact :

Toi et moi ne nous connaissons pas. Et pourtant, je suis sûr que nous

avons quelque chose d'important en commun. Et en outre, ce que nous avons en commun, nous partageons également avec les dirigeants de toutes sortes, les politiciens, les représentants commerciaux, et mon fils de 10 ans. Qu'est-ce que cela peut être, demandez-vous? Nous passons tous beaucoup de temps et d'énergie à essayer d'influencer les autres.

Ce que nous pouvons ne pas partager sont les stratégies que nous utilisons le plus couramment dans nos tentatives d'influence. J'ai tendance à soutenir mon point de vue avec des preuves et des données. Mon fils, d'autre part, a perfectionné la stratégie de porter les gens vers le bas à travers des demandes implacables.

Selon votre type de chimie des affaires, certaines stratégies d'influence peuvent être plus naturelles pour vous et un peu plus d'un étirement. Bien qu'il y ait de la puissance à se concentrer sur vos points forts, il y a aussi des preuves que quand il s'agit d'influence, en utilisant plus de stratégies est mieux, donc il paie probablement de travailler sur l'ajout de certaines des stratégies d'étirement à votre arsenal.

1. Gagnez la confiance en exposant votre expertise :
Les gens sont souvent influencés par des experts. Mais lorsque vous utilisez l'expertise comme une stratégie d'influence, il ne suffit pas simplement d'être un expert, vous devriez exposer votre expertise, partager vos pensées ainsi que des preuves que vous savez de quoi vous parlez. Ces preuves peuvent prendre la forme de références à des expériences antérieures ou à des références plus formelles. À titre d'illustration du pouvoir de l'expertise, une étude de recherche a montré que les patients dans un établissement de réadaptation étaient plus susceptibles de suivre les exercices recommandés lorsque les prix et les certifications de leur thérapeute étaient affichés publiquement.
Cette stratégie peut être un avantage pour les Intégrateurs pour plusieurs raisons. Premièrement, la tendance des Intégrateurs à la pensée non linéaire et à la grande image peut

signifier qu'ils sont moins susceptibles d'approfondir profondément une question particulière pour développer une véritable expertise. Et même lorsqu'ils ont de l'expertise, l'approche consensuelle des intégrateurs - qui les conduit parfois à écouter plus qu'ils ne parlent - peut nuire à leur perception en tant qu'experts.

Les conducteurs sont probablement plus susceptibles d'influencer par l'expertise. Avec leur curiosité intense et leur nature cérébrale, les conducteurs sont particulièrement susceptibles de développer une expertise approfondie autour de sujets spécialisés. En outre, leur compétitivité et leur attitude à prendre en charge les rendent probablement plus à l'aise pour exprimer leur position avec force et afficher leur statut d'expert.

2. Connexion en affichant l'engagement émotionnel

Sans émotion, les gens peuvent remettre en question votre engagement envers une idée. D'autre part, montrer la passion pour une idée peut enflammer la passion chez les autres, comme les émotions peuvent être contagieuses. Des études de recherche sur la «contagion émotionnelle», où les individus tentent de répandre l'émotion positive dans un groupe, trouvent non seulement que ces groupes connaissent une augmentation de l'humeur positive, mais ils manifestent davantage de coopération, moins de conflits interpersonnels et une performance plus élevée. Votre excitation au sujet d'une idée peut obtenir d'autres excités.

Cette approche peut être un défi pour les Gardiens, qui sont souvent réservés et émotionnellement contenu. Alors que les Gardiens ont tendance à penser qu'il est important de paraître calme et composée, ce sang-froid peut par inadvertance communiquer aux autres qu'ils ne sont pas personnellement engagés à une idée.

Montrer l'engagement émotionnel est probablement plus naturel pour les Pionniers, qui sont souvent expressifs et énergiques, surtout quand on parle d'idées qui les excitent. La passion qu'un Pioneer montre pour une idée signale qu'ils sont personnellement investies en elle.

3.Se connecter en répondant aux émotions des autres :
Alors que les émotions peuvent être contagieuses, les émotions incongrues peuvent avoir de mauvaises répercutions. Rencontrez votre public où ils sont en ajustant votre ton pour correspondre à leur état émotionnel. Un enthousiasme débridé peut ne pas être approprié si d'autres ont des préoccupations. D'autre part, une approche trop sérieuse peut atténuer l'excitation de ceux dans une humeur légère.

"Miroir" les comportements et les émotions des autres peuvent établir un rapport, parce que quand quelqu'un nous reflète, nous les percevons comme plus semblables, ce qui peut nous faire sentir plus connecté.

Répondre à l'état émotionnel de leur public peut être difficile pour les conducteurs, qui sont moins susceptibles que les autres types d'être à l'écoute des émotions des autres. En conséquence, les pilotes peuvent aller de l'avant sans détecter si quelqu'un est avec eux.

Il est probablement plus facile pour les Intégrateurs, qui sont généralement plus empathiques, à la fois de sens et de répondre aux émotions des autres. Ce sont des compétences importantes pour la construction de consensus, qui est la spécialité de l'Intégrateur.

4. Faire connaître de nouvelles idées :

Entrer dans l'inconnu peut être effrayant pour certaines personnes, et les idées qui sont sauvagement originales peuvent sembler trop exagérées pour être prises au sérieux. Pour aider à faciliter le changement pour les gens, souligner comment quelque chose de nouveau est liée à quelque chose qu'ils connaissent déjà et de comprendre. Par exemple, les premières voitures ont été introduites comme «carrosses sans chevaux» parce que cela les a fait paraître plus familier aux gens. De même, quand il a créé l'ampoule, Edison a choisi une forme qui ressemblait à la flamme de la lampe à gaz omniprésente.

Cette approche peut être contre-intuitive pour les Pionniers, qui sont excités par ce qui est nouveau et nouveau, et peuvent être tentés de souligner, plutôt que de minimiser, l'originalité d'une idée. Puisqu'ils ont tendance à être adaptable, spontanée, imaginative et habituellement en place pour quelque chose de nouveau, les pionniers peuvent être moins à l'écoute de la réticence des autres ou conscients de la nécessité de faciliter les gens dans un changement.

CHAPITRE 9

LES CARACTÉRISTIQUES D'UN
LEADER QUI RÉUSSIT

Des compétences savantes :

Les caractéristiques de leadership qui suivent peuvent
être apprises au cours de la carrière. Ces caractéristiques
sont très importantes pour permettre aux leaders de
réussir. Ceci est une preuve qui a été démontrée au fil du
temps.

Bien que cette liste ne soit pas exhaustive, elle représente
les traits les plus importants pour un chef de file vis-à-vis
de sa réussite.

Il ne suffit pas de démontrer simplement que le leader
incarne ces caractéristiques pour réussir, il doit démontrer
activement ces caractéristiques en devenant exemplaire
pour tout le monde, affirmant ces bons principes comme
leader.

En étudiant ces caractéristiques de leadership faites
honnêtement votre propre évaluation et nommer ces traits

que vous possédez et vous préparer à incarner et développer ceux qui vous font défaut.

Le grand avantage de faire cela vous épargnera de tombez dans les trous que connaissent les mauvais leaders. Ainsi, vous aller améliorer pour le mieux vos caractéristiques de leadership.

1. Pour devenir un bon leader,

il faut travailler avec détermination et apprendre partant de ses erreurs. Quelles sont vos caractéristiques de base en leadership?

2. Compétences en communication:

Un bon leader doit posséder un haut niveau de compétences en communication. Il doit être à la fois un bon interlocuteur et auditeur. Il doit pouvoir communiquer à tous les niveaux de son organisation; être capable de converser avec les sujets et aussi écouter leurs idées, poser et répondre aux questions afin de s'assurer qu'il a compris ce qui a été communiqué. Il devrait également être en mesure de gagner la confiance des personnes qui partagent les idées et de ses importantes visions, leur permettant de s'associer à son leadership

3. Compétences interpersonnelles:

Un chef de file doit avoir de bonnes compétences interpersonnelles et gagner la confiance de ses disciples. Il doit écouter les griefs de ses partisans et donner une rétroaction constructive à leurs besoins. La dynamique de l'équipe doit être équilibrée afin que tout le monde aille vers la même direction. Le dirigeant qui a gagné la confiance et le respect de ses fidèles peut utiliser cette confiance pour faire avancer l'organisation vers les réalisations de ses objectifs. Ce dirigeant est capable d'utiliser ses compétences interpersonnelles pour améliorer même les relations les plus difficiles, et garder la paix dans l'organisation.

4. La flexibilité:

Le bon leader ne s'assoit sur ses lauriers. Il est de sa responsabilité de contester le statu quo et de repousser les limites. Un bon chef est flexible ; il s'adapte à son environnement ; il est prêt à changer de direction, et les tactiques de faire les choses. Cela s'étend également à son style de leadership - ajustement légèrement pour obtenir le meilleur de chaque individu.

5.Prise de décision:

Un bon leader doit savoir prendre des décisions en quelques secondes et prendre rapidement des décisions éclairées au moment opportun. La vitesse dans la prise de décision est soutenue par le fait qu'ils sont constamment à la main avec la bonne information en temps réel, qui est obtenue à la source – dans la face du charbon. Les décisions sont rapides mais informées et le Leader gère activement en se promenant, sans être coincé derrière un bureau qui traverse les feuilles de calcul d'heure en heure.

6.Diversité de valeurs:

Ils doivent également comprendre que la diversité est bonne pour les entreprises et plus diversifiée, plus il y aura d'occasions d'innovation et d'amélioration. Les leaders recherchent activement un mélange de diversité afin d'améliorer le potentiel d'excellence et d'innovation de l'équipe / organisation. Avec cette valeur, tout le monde est traité équitablement et il n'y a pas de favoritisme.

7. Business Acumen:

Il ne suffit pas de conduire. Les grands leaders comprennent les besoins des entreprises et ce que cela signifie à un niveau plus profond, en termes de performance et comment tirer le meilleur parti de la situation. Un aspect important ici est qu'un bon leader fait appel à des réseaux informels à travers l'entreprise, afin d'obtenir le meilleur rendement pour l'équipe / organisation. Ils comprennent ce qui est nécessaire et comment faire le travail. Ils savent aussi comment briser les barrières au changement, quand ils surgissent. Le chef est toujours quelques étapes à venir, la compréhension des questions et de travailler sur les plans pour les aborder avant qu'ils ne se produisent.

8. Problème Solveur / Innovation:

S'il y a des problèmes et des problèmes qui empêchent les tâches accomplies, le Leader dispose d'une bonne prévoyance, de sondage et d'obtention de causes profondes, ne se contentant pas du statu quo. Il / elle ne prend aucune exception au plan comme un cas de «Les choses se produisent tout simplement» et «C'est comme ça.» Le Leader cherche à comprendre le problème, à le corriger et ensuite à aspirer à cette preuve Il ne se reproduise pas. Les défis sont surmontés avec des solutions innovantes.

9. Axé sur les résultats: Il ne suffit pas de diriger, et de s'attendre à ce que l'équipe puisse livrer. Le Leader recherche activement la perfection et se concentre sur la prestation de la performance de l'équipe, en dirigeant et en comprenant tout ce qui se passe. Il / elle peut déléguer efficacement, mais toujours l'exemple, lever la barre et définit les attentes pour les autres à suivre. Puisqu'ils comprennent les besoins plus profonds de l'organisation et comment s'y rendre, ils dirigent et communiquent ce plan et cette vision avec leurs équipes. Aucune pierre n'est laissée au hasard.

10. Confiance:

l'une des caractéristiques les plus importantes d'être un bon leader est la confiance. Un bon leader doit être confiant dans tout ce qu'il / elle fait. Le Leader ne doit pas hésiter à prendre des décisions qui peuvent être populaires ou impopulaires. Un leader confiant est conscient de ses lacunes et conserve toujours son calme, même en cas d'urgence.

11. Pratique, Pratique, Pratique

Répétition est la mère de la compétence - Signification, plus vous pratiquez, mieux vous devenez. L'art d'être un bon leader est de comprendre ce que vous devez améliorer, et de travailler à aborder ces domaines. Les grands leaders font des erreurs. L'important est d'apprendre de ces erreurs et de construire sur les caractéristiques de leadership. Pratique ces caractéristiques tous les jours. Faire des erreurs, mais éviter de faire les mêmes erreurs à nouveau.

Je vous recommande de tenir un journal quotidien avec vous. Notez sur une base quotidienne, les problèmes que vous avez rencontrés dans votre travail, les erreurs que vous avez faites, mais plus important encore, ce que vous avez appris. Continuez à réfléchir aux façons d'améliorer vos caractéristiques de leadership et noter le cours, les leçons apprises et les choses que vous avez fait pour les améliorer.

Gardez l'enregistrement de vos actions et au fil du temps, vous verrez des preuves historiques de votre développement en tant que leader.

"Un leader est meilleur quand les gens savent à peine qu'il existe, quand son travail est fait, son objectif accompli. Ils diront alors: nous l'avons fait nous-mêmes." Lao Tseu

CHAPITRE 10

COMMENT QUELQU'UN SE DÉMARQUE

Qu'est ce qui fait que certaines personnes se démarquent de la foule ordinaire, apparaissant comme de grands leaders ? Pourquoi ces personnes vivent une vie merveilleuse, tandis que le reste vivent au jour le jour ?

La moyenne des gens vit l'histoire. Les grands leaders la forgent. Cependant, la grandeur est simplement un ensemble d'attitudes et d'habitudes différentes. Vous aussi, vous pouvez devenir grand si vous les adoptez. Voici ce que les grands leaders font différemment et comment vous pouvez commencer à appliquer ces habitudes dans votre propre vie.

1. Une Vision de leur avenir:

Les leaders exceptionnels sont les capitaines de leur propre bateau qui s'appelle la vie. Ils savent que le bateau suit leurs instructions et ils prennent la responsabilité de donner à ces directions. Ce sont eux qui façonnent l'avenir en ayant une vision claire et prennent 100% des responsabilité pour tout ce qui leur arrive…

Un homme sans vision est comme un bateau sans destination. Il navigue à la dérive au milieu de l'océan, à la merci des marées et des vagues.

Tous les grands leaders ont une vision et ils poursuivent cette vision avec une immense passion. Ils savent exactement ce qu'ils veulent, ils sont donc en mesure d'amener les autres à les suivre vers leur résultat souhaité.

2. Ils Restent Fidèles À Eux-Mêmes Quoi Qu'Il Arrive

Les leaders exceptionnels suivent leur propre voix intérieure lorsqu'ils sont confrontés à une décision. Ils savent ce qui est mieux pour eux et ils feront tout ce qu'ils pensent de juste, même dans l'adversité.

Ils disent leur vérité et ils agissent en fonction de ce qu'ils estiment être vrai, même avec le risque que d'autres les incrimine. Les leaders exceptionnels sont authentiques et congruents. Voilà comment ils gagnent la confiance des autres si facilement. Ils n'ont pas peur de s'exposer comme ils sont – avec leurs points forts comme leurs faiblesses.

Ils admettent qu'ils sont humains et peuvent faire des erreurs. Ils chérissent leurs imperfection et l'utilisent comme un atout. Surtout, ils tiennent à leur individualité et n'ont pas peur de le montrer, même à ceux qui sont en désaccord.

Les leaders exceptionnels restent fidèles à eux-mêmes, même si les autres demandent la conformité. Ils savent qu'ils sont la seule personne valable à qui il faut plaire. Ils ont un système de validation interne très fort qui les guide, de sorte qu'ils n'ont pas besoin de l'approbation des autres.

"Avant d'être un leader, le succès c'est de réussir à vous élever. Quand vous devenez un leader, le succès c'est de réussir à élever les autres.   Jack Welcd

3. Ils persévèrent face aux obstacles

Un des traits de caractère les plus importants chez les leaders exceptionnels est leur capacité à glisser sur les revers et les rejets. Beaucoup de leaders exceptionnels ont été confrontés à des rejets avant de parvenir à obtenir que leurs idées soient acceptées. Pourtant, ils ont persévéré et ont réussi.

Ce qui les a amène aux succès est leur état d'esprit. Ils considèrent les obstacles comme des défis et des opportunités de croissance, pas comme des invitations à abandonner. Au lieu de les arrêter, les obstacles ont l'effet inverse: ils sont encore plus déterminés à réussir et à prouver qu'ils ont raison et les autres ont tort.

Les grands leaders ne se concentrent pas sur les problèmes et les rejets. Au lieu de cela, ils se concentrent sur les solutions, sur ce qu'ils peuvent apprendre et faire mieux la prochaine fois. Ils ne prennent pas les revers personnellement. Ils savent qu'ils ont raison – leur système de validation interne leur dit – et ils font tout le nécessaire pour convaincre le monde de ce fait.

4. Ils agissent avec courage malgré la peur

Les leaders exceptionnels sont admirés pour leur courage. Beaucoup de gens ayant fait preuve d'un grand courage sont restés dans l'histoire comme des héros.

Mais ce qui a rendu ces personnes différentes n'était pas leur absence de peur . Au contraire . Ils ont eu peur comme tout autre être humain. Ce qui les différencie est leur capacité à ressentir cette peur et cette agir malgré elle.

Les gens exceptionnels ont les mêmes peurs, les mêmes doutes, les mêmes conflits intérieurs et les mêmes émotions que tout le monde. Mais ils ont appris à suivre leur vision, peu importe qu'ils ressentent. Ils savent qu'ils prennent des mesures pour une plus grande cause et cette vision les pousse à continuer, même face à la peur .

Ce n'est pas qu'ils ignorent leur peur. En fait, ils la reconnaissent – car ils reconnaissent leurs faiblesses et sont confortables à l'idée d'exposer leur vulnérabilité – mais ils font tout ce qui est le plus important pour eux et ils ne permettent pas à la peur de paralyser leur actions. Ils utilisent la peur comme un catalyseur qui les propulse dans la direction souhaitée.

5. Ils anticipent les obstacles et trouvent des solutions

Le grands leaders ont un plan. Ils ne se content pas simplement de foncer la tête baissée, sans se préparer . Ils se taillent un chemin vers leur objectif. En outre , ils tentent de prédire ce qui peut arriver sur leur chemin , afin qu'ils puissent être préparés à n'importe quelle situation.

Mais ils ne pensent pas à toutes les choses qui peuvent mal tourner, et à trouver les moyens de les contrer. Cela consomme trop d'énergie et de temps. D'ailleurs, on peut penser à des millions de raisons pour lesquelles les choses pourraient mal tourner, mais ce n'est pas le but.

Les leaders exceptionnels ont appris à utiliser leur bon sens et à anticiper les défis. Ils font cela en observant comment les choses fonctionnent et se rapportent les unes aux autres. Ils ont une vision réaliste et évitent de surestimer ou sous-estimer leur situation actuelle. Ils ne sont pas trop excités, ni ne deviennent paranoïaques. Ils réussissent à regarder les circonstances, les situations et les gens et à les voir tels qu'ils sont.

Leur capacité à penser clairement et à ne pas être limité par des croyances leur permet d'anticiper avec précision les obstacles et trouver des solutions à l'avance.

6. Ils passent du temps sur ce qui compte le plus

Les leaders exceptionnels sont très efficaces. Et ils ont exactement les mêmes 24 heures par jour que tout le monde a. La différence réside dans leur capacité à gérer leur temps. Les grands leaders passent plus de temps sur les activités qui sont importantes pour eux et qui leur apportent le plus grand accomplissement. Comme ils ont une vision et un plan, ils savent exactement quoi faire pour en faire une réalité. Alors ils investissent leur énergie pour faire bouger les choses et à créer une vie pleine de sens.

Au contraire, la moyenne des gens passent leur temps à des activités qui distraient leur attention et ne leur apportent pas des gains à long terme. Ils viennent chercher la gratification instantanée et le plaisir autant que possible.

Les leaders exceptionnels sacrifieront souvent le plaisir à court terme pour un gain à long terme, car ils savent que c'est là que le vrai bonheur vient. Ils ont appris à retarder leur satisfaction, tout en gardant un œil sur leur but final, et prennent les mesures importantes qui les rapprochent de leurs rêves.

"Être dirigeant consiste à organiser et ordonner. Être un leader, c'est nourrir et renforcer. "Tom Peters

7. Ils s'améliorent constamment

Les leaders exceptionnels ne se content pas de ce qu'ils ont. Ils cherchent à se développer constamment, ils cherchent continuellement à apprendre de nouvelles compétences et à développer leurs capacités. Les grands leaders sont des étudiants perpétuels et ils ne se lassent jamais d'apprendre. Ils ne s'arrêtent jamais de rêver non plus, et se fixent leurs propres objectifs. Ils ont une vision permanente de la façon dont leur idéal de vie ressemble et ils mettent à jour constamment cette image, dès qu'ils sont proche de l'atteindre.

Les leaders exceptionnels établissent des normes très élevées pour eux-mêmes . Chaque fois qu'ils sont près d'atteindre leurs objectifs , ils en fixent de nouveaux, afin qu'ils puissent continuer à aller de plus en plus loin. Ils sont en pleine expansion et en pleine croissance, et cherchent constamment de nouveaux défis à relever et de nouvelles façons de sortir de leur zone de confort.

Contrairement à la moyenne des gens qui s'installent dans le confort, les leaders exceptionnels embrassent les défis, car ils savent que ce sont les conditions préalables à la croissance et la satisfaction durable.

"Faire grandir et s'élever les gens est la plus haute vocation de leadership. Harvey Firestone

---

75

CHAPITRE 11

LES CINQ CONSEILS DE JULES CÉSAR

Sans en douter, Jules César est de loin l'un des personnages historiques les plus célèbres. Et pour cause, son parcours fut si exceptionnel qu'il a changé les fondements de la plus grande puissance de l'époque pour la faire briller comme jamais.

Outre ses grandes conquêtes militaires et son rôle majeur dans le basculement de la république romaine vers l'Empire, César a également réussi à s'attirer une affection toujours grandissante du peuple romain. Et pour cause, par ses nombreuses réformes il permit à la « plèbe » de retrouver une nouvelle dignité là où l'élite sénatoriale avait fait auparavant beaucoup de dégâts.

À n'en pas douter, Jules César est l'un des plus grands leaders de l'histoire. Voilà pourquoi, aujourd'hui, nous allons nous intéresser de plus près à cette caractéristique du personnage. Ainsi, pour mieux nous en inspirer, découvrons ensemble les 5 éléments qui font de Jules César un vrai leader :

Comme Jules César : Sachez remettre en cause le Statu-Quo
Pour arriver à créer un tel changement dans les fondements
de la république romaine on peut aisément imaginer à quel
point notre cher Jules c'est fait fi du Statu-Quo. En effet,
convaincu par le bien fondé des réformes qu'il souhaitait
entreprendre, il n'a à aucun moment manqué de courage pour
amorcer de nombreux changements. Un comportement
antagoniste à la majorité des sénateurs qui, à l'image de
Cicéron, n'osaient rien bousculer préférant toujours se ranger
du coté de la majorité.

Changer le Statu-Quo, avoir le courage de faire valoir vos
idées novatrices vous demandera de prendre des risques et
surtout de vous engager. Cependant, si vous demeurez sûr de
vos convictions, nul doute que certains, partageant vos idées,
se rangeront de facto au coté du leader courageux que vous
êtes.

1. Comme Jules César : Assumez vos responsabilités

Il est plus facile de rejeter la faute sur les autres et ne pas
assumer ses responsabilités. Tel César, un vrai leader, un vrai
chef, doit de lui-même prendre toute la charge des décisions
prises.

Si le résultat est décevant, si l'échec est présent, c'est à vous
d'en assumer la responsabilité et non à vos confrères.
Agissez de la sorte et vous en sortirez grandi et admiré par
vos pairs.

2. Comme Jules César : Montrer l'exemple

De classe noble, proconsul et chef de nombreuses légions, nous pourrions imaginer que César avait un traitement particulier pendant ses campagnes. Pourtant, malgré son statut il était le premier à montrer l'exemple et prendre part aux différentes difficultés auxquelles pouvaient être confrontées une armée. Redoubler de courage et d'acharnement pendant la bataille, laisser les chambres d'hôtes aux blessés et partager avec ses camarades des logements de fortune, ne jamais rechigner à la tâche et montrer toujours plus de vaillance que ses propres soldats… voici quelques exemples de conduite de notre général.

Ces différents états de services lui ont ainsi valu une forte adhésion de ces troupes, notamment la XIIIème légion qui, sous son commandement, bravât les interdits établis par l'autorité du Sénat et marcha sur Rome.

Un leader n'est pas au dessus de toutes tâches ingrates ! Montrez toujours à vos pairs le bon exemple et ils vous respecteront sincèrement.

3. Comme Jules César : comportez vous en leader et ce, quelle que soit l'occasion

Il n'est pas nécessaire d'être consul pour exercer son influence sur le Sénat. Et cela, Jules César, tout comme son éternel rival Pompée, l'ont tout deux compris. Nous avons naturellement tendance à penser que c'est le poste qui fait les responsabilités alors que c'est tout le contraire.

Vous souhaitez devenir manager ? Alors, comportez-vous en temps que tel, et un jour il y aura de fortes chances pour que vous soyez la première personne à qui l'on pensera pour ce poste.

En outre, il est important de reconnaître que le statut social/professionnel, bien qu'il y contribue, n'est pas le facteur essentiel pour déterminer le leader d'un groupe. Il arrive que ceux qui semblent tenir les rênes ne sont pas les vrais leaders et que bien souvent se cache derrière « Le conseiller » ou « l'homme de l'ombre ».

4. Comme Jules César : Suivez votre propre voie et ne vous en détournez jamais.

Une destinée qui semble inaccessible tellement elle est ambitieuse. Et pourtant, Jules César n'a jamais cessé de croire en ses rêves et suivre sa propre voix, n'en déplaise aux plus puissants sénateurs. Il faut beaucoup de courage pour suivre inlassablement sa propre voie et ne jamais laisser les obstacles briser ses propres rêves.

Exit les « qu'en dira-t-on » et les « briseurs de rêves« , c'est votre destinée et elle n'appartient qu'à vous ! Ne laissez personne entraver cette route, affirmez avec conviction vos véritables désirs et vous aurez déjà tout d'un vrai leader !

J'espère que ces 5 conseils inspirés de l'Imperator vous aideront à réveiller le leader qui est en vous.

N'hésitez pas à échanger en commentaire et me dire ce que cet article vous a inspiré.

À très bientôt.

CHAPITRE 12.

10 DIFFÉRENCES ENTRE PATRON ET LEADER

Dans mes recherches j'ai découvert ce document intitulé
« **10 Différences entre un patron et un leader** » et d'autres
similaires. Quoique j'estime qu'il existe d'autres éléments
qui distinguent le leader du patron, j'ai décidé de marquer un
arrêt sur ce texte ; afin de le reformuler en mes termes et le
commenter selon ma conception des choses.

**1-   Le patron pousse ses collaborateurs, le leader les
motive**
Tandis que le patron ordonne, le leader coach son staff en
fonction de ses forces et faiblesses. De sorte que chacun
donne le meilleur de lui-même dans la quête de leurs
objectifs commun.

**2-   Le patron compte sur l'autorité, le leader compte sur
la bonne volonté**
Au lieu de prendre un bâton pour veiller sur ses
collaborateurs, le leader véhicule les valeurs qui permettront
la saine et parfaite collaboration de tous.

3- Le patron inspire la peur, le leader inspire l'enthousiasme

Si tu as peur de ton supérieur c'est un patron, mais s'il constitue pour toi une source d'inspiration alors c'est un leader. Contrairement donc au patron qui est craint, à qui l'on sourit en sa présence et le vomit dès qu'il tourne le dos ; le leader suscite de l'enthousiasme chez ses collaborateurs.

4- Le patron dit « je », le leader dit « nous »

Le leader œuvre pour le collectif et fait œuvrer les autres de son équipe. Il ne contente pas de suiveurs, mais forge d'autres leaders autour de lui.

5- Le patron dit « arrivez à temps », le leader arrive à l'avance

Le patron se permet de se faire attendre, mais le leader démontre qu'il est le plus intéressé par l'objet de son organisation.

6- Le patron blâme pour la faute, le leader répare la faute

Lorsqu'une faute survient, le patron cherche le coupable, tandis que le leader cherche à identifier la faute pour réhabiliter le (s) défaillant(s).

7- Le patron sait comment faire, le leader montre comment faire

Le patron est limité dans ses connaissances académiques, tandis que le leader est cette somme d'expérience et d'intelligence capable d'innover face à toutes éventualités.

8- Le patron fait du travail une corvée, le leader en fait une passion

Avec le leader l'on peut se sentir fatiguer, mais l'on ne peut jamais se sentir ennuyer. Car contrairement au patron, il transmet cette passion de vivre et de travail.

9- Le patron dit « va », le leader dit « Allons »
Tandis que le patron indique le chemin, le leader arpente les sentiers

en tête du peloton. Il communique ainsi à son équipe la détermination d'aller aussi loin que possible.

10- Le patron se justifie et rejette la responsabilité, le leader l'assume.

Au lieu de se disculper face aux contre-performances de son staff ou de l'un de ses collaborateurs, le leader assume et tire toutes les conséquences.

Nous pouvons trouver d'autres éléments distinguant le leader du patron, car cette liste est loin d'être exhaustive. Cependant il me semble capital de retenir l'essentiel, pour se faire je vous ramène aux propos de Isou maila Sikirou (Coach des leaders entrepreneurs), qui dit en substance : « TOUT CHEF DE GROUPE EST UN PATRON. MAIS TOUS LES PATRONS NE SONT PAS DES LEADERS. LA PLUS

GRANDE DIFFERENCE ENTRE UN PATRON ET UN LEADER EST QUE LE PATRON EST RESPECTE ET ON LUI OBEIT A CAUSE DE SON AUTORITE, MAIS LE LEADER PAR CONTRE EST RESPECTE ET ADMIRE COMME UN MODELE, NON SEULEMENT EN RAISON DE SON EXPERTISE, MAIS PRINCIPALEMENT EN RAISON DES QUALITES INTRINSEQUES (CARACTERES, ATTITUDES, INTELLIGENCES, EMOTIONNELLES …). CEUX QUI ASPIRENT A DEVENIR LES LEADERS DOIVENT PRECHER PAR L'EXEMPLE… »

Chacun d'entre nous peut et doit faire preuve de leadership, car plus tôt nous dirons « Adieu patron !, Bonjour leader ! », plus vite nos organisations seront au rendez-vous de l'accomplissement.

CHAPITRE 13

QUOI À APPRENDRE POUR DEVENIR UN MEILLEUR LEADER

N'importe qui et même un personnage fictif est capable de fournir des idées précieuses qui peuvent vous aider à développer les caractères d'un bon leader.

Cette personnes peut vous aider à façonner en vous quelques importantes caractéristiques comme la ténacité, l'honnêteté et l'ingéniosité, entre autres.

Ces personnes n'étaient pas mes mentors par la conception; Mais sans eux, j'aurais manqué sur les leçons concernant la ténacité, l'honnêteté et l'ingéniosité. Voici les cinq points clés à apprendre d'un simple mentor:

1. Cultivez la ténacité :

Il y a un lien entre le travail physique et le travail mental. Fendre du bois ou débroussailler un coin de brousse demande autant de ténacité, autant de travail dur et de discipline afin de terminer cette tâche physique que pour relever des défis mentaux, comme les réflexions pour faire aboutir un grand projet.

Rappelez-vous des personnes dans votre vie qui ont surmonté de grands défis physiques. Elles n'ont pas renoncer à leurs premiers engagements ; mais ont travaillé dur et pressé jusqu'au bout. Apprendre cette ténacité vous aidera à dompter sur les échecs dans toute votre vie.

2. Cultivez les amitiés fondées sur l'honnêteté.

Le concept d'amitié a beaucoup changé ces derniers temps, mais quand vous pensez à vos vrais amis, ça ne peut être que ceux avec lesquels votre amitié est fondée sur l'honnêteté. Ce n'est qu'avec de telles personnes que vous partagez les liens authentiques.

Rappelez-vous que vos amis influencent votre vie. Concentrez-vous sur les amis qui apportent des contributions positives surtout quand vous rencontrer des obstacles dans la vie. Les bons amis donnent toujours de bons conseils.

3. Apprenez à résoudre vos problèmes :

En tant que leader, vous devez relever des défis difficiles. Tout défi relever trouve une solution. Si vous travaillez dur pour les surmonter, alors il y a toujours une leçon à apprendre.

4. Devenez pleinement engagé :

Il faut consacrer le mieux de soit même dans n'importe quel sujet qui finalement, portera votre nom. Se rappeler que ce que vous faites représente qui vous êtes et vous êtes ce que vous dépensez le temps que Dieu vous donne sur cette terre. Un exemple, quand le peintre italien Michel Ange était en train de peindre le plafond de la avait Chapelle Sixtine au 16ieme siècle, un visiteur l'observait comme il montait pour travailler sur un coin de la peinture, descendait pour observait et il remontait et redescendait. Le visiteur qui était impressionné du toute la peinture lui a posé la question de savoir le grand peintre s'ennuyait tant pour une petite erreur qu'aucun visiteur ne pourrait desceller. Michel Ange lui a répondu, « Si vous ne voyez pas cette erreur, moi je la vois et ne m'arrêterait de travailler sur ce coin de la peinture rien que quand je serai totalement satisfait ». Chaque meilleur leader doit avoir le cœur et l'œil de Michel Ange dans tout ce qu'il fait. Il doit de temps en temps s'arrêter et regarder en arrière tout ce qu'il a déjà accompli et être son meilleur juge ; revoir ces méthodes pour comprendre comment s'améliorer.

5. Absorber les connaissances à travers les livres.

Un meilleur leader est celui qui continue d'apprendre chez les autres. Lire des livres et apprendre et écouter les autres, et adapter les nouvelles méthodes à cause de l'évolution sociale et technologique vous met sur le chemin du succès.

6. Le leader doit être concentré : Pour être un bon leader, il faut passer beaucoup de temps à vous concentrer sur les sujets majeure et être moins distrait. Essayez d'ignorer d'une façon sélective quelques critiques et voir si celles-ci ne touchent pas les orientations majeures de l'organisation.

7. La confiance : «Un leader inspire confiance et« suivi »en ayant une vision claire, en montrant de l'empathie et en étant un entraîneur fort. En tant que leader féminine, pour être reconnue, je sens que je dois faire preuve d'arrogance et d'assurance, mais toujours essayer de maintenir mon éducation méridionale, ce qui souligne la bonté et la générosité. Les deux travaillent bien ensemble pour gagner le respect. "

-Barri Rafferty, PDG, Ketchum Amérique du Nord

8. Transparence

«Je n'ai jamais racheté le concept de« porter le masque ». En tant que leader, la seule façon de créer la confiance et l'adhésion de mon équipe et de mes collègues est d'être 100% authentiquement ouverte, Parfois défectueux, mais toujours passionné par notre travail. Il m'a permis la liberté d'être pleinement présent et cohérent. Ils savent ce qu'ils obtiennent en tout temps. Pas de surprises."

-Keri Potts, directeur principal des relations publiques, ESPN

9. Intégrité

«Nos employés sont un reflet direct des valeurs que nous incarnons en tant que leaders. Si nous jouons à partir d'un playbook réactif et obsolète de besoin d'avoir raison au lieu de faire ce qui est juste,

alors nous limitons le plein potentiel de notre entreprise et de perdre des talents de qualité. Si vous vous concentrez sur devenir authentique dans toutes vos interactions, cela va frotter sur votre entreprise et votre culture, et le reste prend soin de lui-même.

-Gunnar Lovelace, co-PDG et co-fondateur, Thrive Market

10. Inspiration

«Les gens disent toujours que je suis un homme de soi. Mais il n'y a rien de tel. Les leaders ne sont pas faits par eux-mêmes; Ils sont conduits. Je suis arrivé en Amérique sans argent ni aucun objet en dehors de mon sac de sport, mais je ne peux pas dire que je suis venu avec rien: D'autres m'ont donné une grande inspiration et des conseils fantastiques, et j'ai été alimenté par mes croyances et une passion intérieure. C'est pourquoi je suis toujours prêt à offrir de la motivation - à des amis ou des étrangers sur Reddit. Je connais la puissance de l'inspiration, et si quelqu'un peut se tenir sur mes épaules pour atteindre la grandeur, je suis plus que disposé à les aider.

-Arnold Schwarzenegger, ancien gouverneur de la Californie
Lisez ceci: Rappel total: My Incredibly True Life Story par Arnold Schwarzenegger | Livres | Indigo.ca | Barnes & Noble

11. Passion

«Vous devez aimer ce que vous faites. Afin de vraiment réussir à quelque chose, vous devez obséder sur elle et laissez-vous consommer. Peu importe la réussite de votre entreprise pourrait devenir, vous n'êtes jamais satisfait et constamment pousser à faire quelque chose de plus grand, de mieux en mieux. Vous menez par
l'exemple non pas parce que vous sentez comme c'est ce que vous devriez faire, mais parce que c'est votre manière de vivre.

-Joe Perez, cofondateur, Tastemade

12. Innovation

«Dans tout système doté de ressources limitées et d'une expansion infinie de la population - comme votre entreprise, ou comme toute l'humanité - l'innovation est essentielle non seulement pour le succès, mais aussi pour la survie. Les innovateurs sont nos leaders. Vous ne pouvez pas séparer les deux. Que ce soit par la pensée, la technologie ou l'organisation, l'innovation est notre seul espoir pour résoudre nos défis. "

-Aubrey Marcus, fondateur, Onnit

13. Patience

"La patience est vraiment le courage qui est destiné à tester votre engagement envers votre cause. Le chemin vers les grandes choses est toujours difficile, mais les meilleurs leaders comprennent quand abandonner la cause et quand rester le cap. Si votre vision est assez audacieuse, il y aura des centaines de raisons pour lesquelles il «ne peut pas être fait» et beaucoup de sceptiques. Beaucoup de choses doivent se concrétiser: marchés extérieurs, concurrence, financement, demande des consommateurs et toujours un peu de chance.

-Dan Brian, COO, Whip Clip.

14. Stoïcisme

"C'est inévitable: nous allons nous retrouver dans de vraies situations de merde, que ce soit des erreurs coûteuses, des échecs inattendus ou des ennemis sans scrupules. Le stoïcisme est, à sa base, d'accepter et d'anticiper cela à l'avance, de sorte que vous ne panique pas, réagissent émotionnellement et aggraver les choses plus loin. Formez nos esprits, considérez les pires scénarios et réglez nos réponses instinctuelles inutiles - c'est ainsi que nous nous assurons que les situations de merde ne se transforment pas en résolutions fatales.

-Ryan Holiday, auteur de The Obstacle is the Way et ancien directeur du marketing, American Apparel

Offre: Get Growth Hacker Marketing par Ryan Holiday comme livre audio gratuit avec une période d'essai gratuite de 30 jours sur Audiobooks.com

10. Vainqueur

«Comprendre les chiffres sous-jacents est la meilleure chose que j'ai fait pour mon entreprise. Comme nous avons un service d'abonnement, le plus gros impact sur notre ligne de fond a été de diminuer notre taux de désabonnement. Être capable de pousser ce

---

nombre de 6 pour cent à 4 pour cent a signifié une augmentation de 50 pour cent dans la valeur moyenne de la vie du client.

Nous n'aurions pas su nous concentrer sur cette métrique sans pouvoir analyser avec précision nos données. "

-Sol Orwell, cofondateur, Examine.com

15. L'authenticité

"C'est vrai que l'imitation est l'une des plus grandes formes de flatterie, mais pas quand il s'agit de leadership - et tous les grands leaders de ma vie, de Mike Tomlin à l'entraîneur de ski olympique Scott Rawles, conduit d'un lieu d'authenticité. Apprenez des autres, lisez des autobiographies de vos leaders préférés, reprenez des compétences le long du chemin ... mais ne perdez jamais votre voix authentique, vos opinions et, finalement, comment vous prenez des décisions.
-Jeremy Bloom, cofondatrice et chef de la direction, Intégrer
Lisez ceci: Alimenté par l'échec: Utiliser les détours et les défaites au progrès de puissance par Jeremy Bloom I Livres I eBooks.com I Barnes & Noble

16 L'ouverture d'esprit

"L'un des plus grands mythes est que les bons chefs

d'entreprise sont de grands visionnaires avec une détermination obstinée à s'en tenir à leurs objectifs peu importe quoi. C'est n'importe quoi. La vérité est, les dirigeants doivent garder un esprit ouvert tout en étant flexible, et ajuster si nécessaire. Lorsque dans la phase de démarrage d'une entreprise, la planification est très surévalué et les objectifs ne sont pas statiques. Votre engagement devrait être d'investir, de développer et de maintenir de bonnes relations. "

-Daymond John, PDG, Shark Branding et FUBU
Lisez ceci: Le pouvoir de Broke par Daymond John l Livres l eBooks.com l Barnes & Noble

17. Détermination

«Au lycée et au collège, pour ramasser de l'argent supplémentaire, je faisais souvent des matches de basket-ball récréatifs. Le mentor qui m'a appris à officier a donné à ses réf un conseil important qui se traduit bien dans le monde professionnel: «Faites vite l'appel, faites l'appel fort et ne regardez pas en arrière.» Dans les situations marginales, un geste décisif Appel donnera souvent de meilleurs résultats à long terme et une équipe plus forte qu'une décision désagréable qui s'avère être juste.

-Scott Hoffman, propriétaire, Folio Literary Management

18. Personnalité

«Nous fournissons tous quelque chose d'unique à ce monde, et nous pouvons tous sentir quand quelqu'un n'est pas réel. Plus vous vous concentrez sur les liens authentiques avec les gens, et cherchez des façons de les aider - plutôt que de se concentrer uniquement sur ce qu'ils peuvent faire pour vous - plus agréable et agréable vous devenez. Ce n'est pas nécessaire d'être un grand leader, mais il doit être un leader respecté, qui peut faire toute la différence dans votre entreprise.

-Lewis Howes, auteur du best-seller du New York Times The School of Greatness

19. Émancipation

«Beaucoup de mes philosophies de leadership ont été apprises en tant qu'athlète. Mes équipes les plus réussies n'ont pas toujours le plus de talent, mais ont eu des Co équipiers avec la bonne combinaison de compétences, de forces et une confiance commune dans l'autre. Pour construire une équipe «overachieving», vous devez déléguer la responsabilité et l'autorité. Donner des responsabilités n'est pas toujours facile. Il peut effectivement être plus difficile à faire que de remplir la tâche vous-même, mais avec la sélection de projet et de soutien, la délégation peut payer en dividendes. C'est la façon dont vous découvrez réellement les capacités des gens et tirer le meilleur parti d'eux. "

-Shannon Pappas, vice-président senior de Beachbody LIVE

20. Positivité

"Pour atteindre la grandeur, vous devez créer une culture d'optimisme. Il y aura beaucoup de hauts et de bas, mais la prévalence de la positivité va garder la société va. Mais soyez averti:

Cela exige de l'intrépidité. Il faut vraiment croire en rendant l'impossible possible.

 -Jason Harris, PDG, Mékanisme

21. Générosité

«Mon objectif principal a toujours été d'offrir le meilleur de moi-même. Nous grandissons tous - comme un tout collectif - quand je suis en mesure de construire les autres et les aider à grandir en tant qu'individus. "

-Christopher Perilli, PDG de Pixel Mobb

22.. Persistance

«Un grand leader m'avait dit une fois:« la persistance bat la résistance. »Et après avoir travaillé sur Facebook, Intel et Microsoft, et avoir démarré ma propre entreprise, j'ai appris deux leçons importantes: toutes les grandes choses prennent du temps et vous devez persister . C'est ce qu'il faut pour être un leader: la volonté d'aller au-delà où d'autres vont s'arrêter. "

-Noah Kagan, Chef Sumo, App sumo

Lisez ceci: Comment j'ai perdu 170 millions de dollars: My Time comme # 30 à

23. perspicacité ou la clairvoyance

«Il faut un aperçu chaque jour pour pouvoir séparer ce qui est vraiment important de tout le feu entrant. C'est comme la sagesse - il peut être amélioré avec le temps, si vous prêtez attention, mais il doit exister dans votre personnage. C'est inhérent. Quand votre intuition est juste, vous ressemblez à un génie. Et quand votre intuition est fausse, vous ressemblez à un idiot.

-Raj Bhakta, fondateur, WhistlePig Whisky

24. Communication

"Si les gens ne sont pas conscients de vos attentes, et ils sont à court, c'est vraiment votre faute pour ne pas l'exprimer à eux. Les gens avec qui je travaille sont en communication constante, sans doute pour une faute. Mais la communication est un acte d'équilibre. Vous pourriez avoir un besoin ou un besoin spécifique, mais il est important de traiter le travail comme une collaboration. Nous voulons toujours que les gens nous disent leurs pensées et leurs idées - c'est pourquoi nous avons tous ces gens très talentueux qui travaillent avec nous.

-Kim Kurlanchik Russen, associé, Groupe TAO

25. Obligation de rendre des comptes

«Il est beaucoup plus facile d'attribuer le blâme que de vous tenir responsable. Mais si vous voulez savoir comment le faire bien, apprendre de l'expert financier Larry Robbins. Il a écrit une lettre véritablement humble à ses investisseurs au sujet de son mauvais jugement qui a causé leurs investissements à faiblir. Il a ensuite ouvert un nouveau fonds sans frais de gestion et de performance - jamais vu dans le monde des hedge funds. C'est le caractère. C'est la responsabilisation. Ce n'est pas seulement prendre la responsabilité; Il est la prochaine étape pour le faire à droite. "-Sandra Carreon-John, vice-présidente senior, M & C Saatchi Sport & Entertainment

26. Inquiétude

«Il faut un réel leadership pour trouver les forces au sein de chaque personne de votre équipe et ensuite être prêt à regarder à l'extérieur pour combler les lacunes. Il est préférable de croire que votre équipe seule n'a pas toutes les réponses - parce que si vous croyez cela, cela signifie généralement que vous ne posez pas toutes les bonnes questions.

-Nick Woolery, directeur mondial du marketing, Stance Socks

(CareerBuilder.com) - Le leadership est un de ces termes nébuleux - vous l'entendez tout le temps, mais il a diverses définitions. Les traits qui composent un bon leader peuvent varier selon l'organisation, l'équipe, le gestionnaire et l'environnement de travail.

Le leadership peut aussi varier dans le style - êtes-vous quelqu'un qui dicte le groupe et n'écoute pas l'opinion de quelqu'un d'autre? Ou dirigez-vous avec un style plus bureaucratique ou démocratique?

«Tout leader a un style de leadership particulier, mais les comportements, les attitudes ou les méthodes de prestation qui sont efficaces pour un membre du personnel peuvent en fait être contre-productifs pour un autre», explique Michael

Burke, superviseur des comptes, MSR Communications, Cabinet de relations publiques.

«Les grands leaders sont conscients de leur propre style et font l'effort d'apprendre comment leur style se présente réellement à leur équipe. Ils apprennent à fléchir leur style de leadership aux membres de l'équipe individuelle afin qu'ils communiquent et se comportent de façon à motiver et inspirer.

CHAPITRE 14

VEUF TRAITS QUI DÉFINISSENT UN
GRAND LEADER

Pour motiver votre équipe à atteindre les plus hauts niveaux de performance (et créer une organisation extraordinaire dans le processus), voici les qualités que vous devez modéliser chaque jour.

Beaucoup de dirigeants sont compétents, mais peu qualifient comme remarquable. Si vous voulez rejoindre les rangs des meilleurs des meilleurs, assurez-vous incarner toutes ces qualités tout le temps. Ce n'est pas facile, mais les récompenses peuvent être vraiment phénoménales.

1. Sensibilisation
Il existe une différence entre la direction et les employés, les patrons et les travailleurs. Les dirigeants comprennent la nature de cette
différence et l'acceptent; Il informe leur image, leurs actions

et leur communication. Ils se conduisent d'une manière qui les distingue de leurs employés - pas d'une manière qui suggère qu'ils sont meilleurs que les autres, mais d'une manière qui leur permet de conserver une perspective objective sur tout ce qui se passe dans leur organisation.

2. Discernement ;

Tous les dirigeants doivent prendre des décisions difficiles. Cela va avec le travail. Ils comprennent que dans certaines situations, des décisions difficiles et opportunes doivent être prises dans l'intérêt de toute l'organisation, des décisions qui exigent une fermeté, une autorité et une finalité qui ne plairont pas à tout le monde. Les dirigeants extraordinaires n'hésitent pas dans de telles situations. Ils savent aussi quand ne pas agir unilatéralement, mais plutôt encourager la prise de décision en collaboration.

3. Empathie

Les dirigeants extraordinaires font l'éloge en public et traitent les problèmes en privé, avec une véritable préoccupation. Les meilleurs leaders guident les employés à travers les défis, toujours à la recherche de solutions pour favoriser le succès à long terme de l'organisation. Plutôt que de faire des choses personnelles quand ils rencontrent des problèmes, ou attribuer le blâme aux individus, les dirigeants cherchent des solutions constructives et se concentrer sur l'avancement.

4. Responsabilité

Les dirigeants extraordinaires prennent la responsabilité de la performance de chacun, y compris la leur. Ils suivent toutes les questions en suspens, vérifient les employés et surveillent l'efficacité des politiques et procédures de l'entreprise. Quand les choses vont bien, ils louent. Lorsque des problèmes surviennent, ils les identifient rapidement, cherchent des solutions et remettent les choses sur la bonne voie.

5. Confiance

Non seulement les meilleurs leaders sont confiants, mais leur confiance est contagieuse. Les employés sont naturellement attirés par eux, cherchent leurs conseils et se sentent plus confiants en conséquence. Lorsqu'ils sont contestés, ils ne cèdent pas trop facilement, parce qu'ils savent que leurs idées, leurs opinions et leurs stratégies sont bien informés et le résultat de beaucoup de travail. Mais lorsqu'ils sont avérés faux, ils prennent la responsabilité et agissent rapidement pour améliorer les situations relevant de leur autorité.

6. Optimisme

Les meilleurs leaders sont une source d'énergie positive. Ils communiquent facilement. Ils sont intrinsèquement utiles et véritablement préoccupés par le bien-être des autres. Ils semblent toujours avoir une solution, et toujours savoir quoi dire pour inspirer et rassurer. Ils évitent les critiques personnelles et la pensée pessimiste, et chercher des moyens de parvenir à un consensus et d'amener les gens à travailler ensemble efficacement et efficacement en équipe.

7. Honnêteté

Les dirigeants forts traitent les gens comme ils veulent être traités. Ils sont extrêmement éthiques et croient que l'honnêteté, l'effort et la fiabilité forment le fondement du succès. Ils incarnent ces valeurs si ouvertement qu'aucun employé ne doute de leur intégrité pendant une minute. Ils partagent l'information ouvertement, et évitent le contrôle de rotation.

8. Concentration

Les dirigeants extraordinaires planifient à l'avance, et ils sont suprêmement organisés. Ils réfléchissent à de multiples scénarios et aux impacts possibles de leurs décisions, tout en envisageant des solutions de rechange viables et en faisant des plans et des stratégies - tous ciblés vers le succès. Une fois préparés, ils établissent des stratégies, des processus et des routines pour que les performances élevées soient tangibles, facilement définies et surveillées. Ils communiquent leurs plans aux acteurs clés et ont des plans d'urgence dans le cas où les changements de dernière minute exigent une nouvelle orientation (ce qu'ils font souvent).

9. Inspiration

Mettez tout cela ensemble, et ce qui émerge est une image du leader vraiment inspirant: quelqu'un qui communique clairement, concis, et souvent, et en le faisant motive tout le monde à donner son meilleur tout le temps. Ils défient leurs gens en établissant des normes et des attentes élevées mais réalisables, puis en leur donnant le soutien, les outils, la formation et la latitude pour atteindre ces objectifs et devenir les meilleurs employés qu'ils peuvent être.

CHAPITRE 15

DIX QUALITÉS IMPRESSIONNANTES
DES GRANDS LEADERR

Les grands leaders viennent dans toutes les formes et tailles, et ils ne sont certainement pas limité à une industrie particulière ou à Fortune 500 entreprises. Un grand leader peut être n'importe qui d'un politicien au propriétaire d'un petit café. Cependant, malgré les différences énormes dans les professions et les milieux, il y a certaines choses que tous les grands leaders ont en commun. La question est, voyez-vous une de ces qualités en vous-même?

1. Attitude positive

Les grands leaders savent qu'ils n'auront pas une équipe heureuse et motivée à moins qu'ils ne montrent eux-mêmes une attitude positive. Cela peut être fait en restant positif quand les choses tournent mal et en créant une atmosphère détendue et heureuse dans le lieu de travail. Même des choses simples comme la fourniture de petits gâteaux ou de bières le vendredi peuvent faire le monde de la différence.

Un avantage supplémentaire est que les membres de l'équipe sont susceptibles de travailler plus dur et faire des heures supplémentaires si nécessaire s'ils sont heureux et appréciés.

2. Savoir gérer les échecs et les succès

Peu importe comment on essaye de les éviter, les échecs se produiront. C'est bon; On a juste besoin de savoir comment faire face à eux. Les grands leaders les suivent. Ils restent calmes et pensent logiquement à la situation. Ils utilisent leurs ressources. Ce qu'ils ne font pas, c'est tomber en morceaux et révéler à leur équipe leur inquiétude. Ce qui conduit à une démoralisation totale de l'équipe. Les grands leaders mènent en fait, même quand ils sont confrontés à des revers comme quand ils confrontent les succès.

3. Prend sa responsabilité

Les grands leaders savent que quand il s'agit de leur entreprise, du lieu de travail ou quelle que soit la situation, ils doivent prendre la responsabilité personnelle de l'échec s'il y en a, attendant que les employés se sentent eux-mêmes responsables s'ils ne le font pas eux-mêmes. Les meilleurs leaders ne présentent d'excuses; Ils prennent le blâme et puis trouvent comment résoudre le problème dès que possible.

Cela prouve qu'ils sont dignes de confiance et possèdent l'intégrité.

4. Développer ceux autour de soi :

Tout bon leader sait combien il est important de développer les compétences de ceux qui les entourent. Ils reconnaissent leurs compétences dès le début. Non seulement qu'ils les développent pour rendre leur travail plus facile, mais ils les améliorent de mieux en mieux même dans le sens moral. En outre, ils peuvent développer certaines compétences que ses employés ne possédaient pas au départ, compétences qui seront bénéfiques pour le lieu de travail. Ils partagent leurs connaissances avec leur équipe. Ils leur donnent la possibilité d'atteindre des nouveaux niveaux. Les employés les respectent et leur gardent de la loyauté à cause de tout cela.

5. Capables de déléguer

Quelque soit le cas, aucun leader ne peut tout faire par lui-même. Même s'il le peut, pourquoi le faire dans un environnement d'équipe ? Les bons dirigeants reconnaissent que la délégation fait plus que simplement alléger leur propre niveau de stress (bien que ce soit évidemment un avantage agréable), mais cela montre aux autres que l'on a confiance en leurs capacités ; cela entraîne une élévation morale du lieu de travail et le niveau de loyauté de son personnel. Celui-ci veut se sentir apprécié et confiant. Mais si le leader ne délégue pas quelques responsabilités, non seulement qu'il sera trop chargé, sa santé va souffrir et il n'aura pas la vraie collaboration de son équipe.

6. Savoir communiquer

C'est beaucoup plus complexe que ça sonne réellement. Les bonnes compétences en communication sont essentielles pour un grand leader. On peut très bien comprendre la grotte de fou qui est votre cerveau, mais cela ne signifie pas qu'on peut prendre les idées qui sont dans votre mémoire et de se les expliquer et les expliquer à quelqu'un d'autre. Tous les employés ne peuvent pas être idiots si ce problème se répète et les gens semblent ne pas mieux faire dans votre entreprise. Les meilleurs dirigeants doivent être en mesure de communiquer clairement avec les gens autour d'eux. Ils doivent également pouvoir interpréter correctement les autres et ne pas croire qu'ils sont compris sans preuve que les autres l'ont compris. Si c'est un domaine avec lequel il a des difficultés, un bon point doit être établi au départ pour favoriser la communication entre lui et les membres de l'équipe afin d'établir une politique de porte ouverte.

7. Preuve de confiance

Tous les grands dirigeants doivent montrer un air de confiance pour réussir. Il ne faut pas confondre l'autosatisfaction et l'arrogance. La confiance est importante parce que les gens vont connaître comment se comporter, en particulier quand les choses ne vont pas à 100% dans le sens qu'il faut. Si vous restez calme et équilibré, les membres de votre équipe seront beaucoup plus calmes. En conséquence, le moral et la productivité resteront élevés et le problème sera résolu plus rapidement. Si vous paniquez et vous mettez à blâmer tout le monde, soyez assuré que tout va s'écroulé. Alors soyez confiant - sans être un idiot.

8. Utiliser l'intuition

Il est sûr de dire que tous les grands leaders devront entrer dans des eaux inexplorées à un moment donné au cours de leur carrière (au sens figuré, bien sûr). Pour cette raison, ils doivent être capables de faire confiance à leur intuition et s'appuyer sur les expériences passées pour les guider. En plus de cela, ils doivent faire confiance à leur propre intuition afin de guider leur personnel ou membres de l'équipe.

9. Avoir un sens de l'humour

Il est impératif pour tout type de leader d'avoir un sens de l'humour, surtout quand les choses tournent mal. Les membres de l'équipe vont chercher leur leader pour savoir comment réagir dans une situation apparemment terrible. Il serait probablement mieux si le chef de file ne soit dans le coin. Il doit être capable de rire des choses. Si le moral du personnel tombe, la productivité tombera aussi. Il faut travailler pour établir un tel environnement avant tout type d'encourageant ou discussions personnelles sur le lieu de travail. Après tout, votre lieu de travail n'est pas un goulag russe. Au moins, j'espère vraiment que ce n'est pas le cas.

10. Manifester son engagement

Cela a une double signification : D'abord, on doit respecter ses engagements et ses promesses. Si le leader ne le fait pas il rencontrera en tant que chef que les gens n'auront aucune confiance en lui. Ensuite, il doit être une personne la plus engagée et grand travailleur dans le groupe. Il doit montrer l'exemple. Tous les grands leaders le font. Pourquoi le personnel et les membres de l'équipe devraient-ils se donner entièrement au travail alors que le leader ne le fait pas ? Prouvant son propre engagement, il va inspirer les autres à faire de même, et plus que cela, il va gagner leur respect et inculquer en eux une bonne éthique de travail.

CHAPITRE 16

8 CARACTÉRISTIQUES DES GRANDS LEADERS

Un bon leadership est essentiel aux entreprises, au gouvernement et aux nombreux groupes et organisations qui façonnent notre façon de vivre, de travailler et de jouer.

Ayant une excellente idée, et l'assemblage d'une équipe pour apporter ce concept à la vie est la première étape dans la création d'une entreprise prospère.

Bien que trouver une idée nouvelle et unique est assez rare; La capacité à exécuter avec succès cette idée est ce qui sépare les rêveurs des entrepreneurs. Et c'est là que le leadership transforme le potentiel en réalité.

Les dirigeants sont une ressource humaine clé dans toute organisation. Nous pensons généralement à des entreprises concurrentes par le biais de leurs produits, mais ils sont probablement plus concurrentiels par le biais de leurs leaders que leurs produits.

Les meilleurs leaders développent de meilleurs employés et les deux ensemble développent de meilleurs produits.

On ne saurait trop insister sur l'importance du leadership dans la gestion. Pour faire les choses par les gens, la direction doit fournir le leadership dans l'organisation.

Le travail d'équipe est essentiel pour atteindre les objectifs organisationnels. Les gestionnaires doivent influencer l'équipe pour l'accomplissement du travail par le leadership. Deuxièmement, le leadership aide l'autorité.

Pour avoir un aperçu de l'importance du leadership dans la réussite des entreprises, Mark Bilton, fondateur de « Thought Patrol « l'une des principales autorités australiennes sur le sujet, nous donne une impressionnante feuille de route de Mark capable de prendre une entreprise ou une organisation totalement brisée et la tourner en succès.

Ci-dessous sont ses 8 caractéristiques les plus courantes des grands leaders.

1. **Collaboration**

La confiance en matière de transparence; Si vous êtes

connecté à votre équipe et sincèrement intéressés par leur
participation et leur bien-être, ses membres vous rejoindront
dans votre quête. Les gens possèdent ce qu'ils aident à créer.

2. Visionnaire

Un certain du nom de Hoffer a déclaré que «le leader doit
être pratique et un réaliste mais doit parler le langage du
visionnaire et de l'idéaliste». Là réside l'équilibre. Les
dirigeants doivent vivre dans l'état futur et porter la vision
tout en s'engager dans la motivation délibérée et les réalités
pratiques du présent.

3. Influence

La clé d'un leadership réussi aujourd'hui est l'influence, et
non l'autorité de commandement et de contrôle. Nous vivons
dans un nouveau jour, une ère numérique avec un nouveau
jeu de règles. L'influence vient de l'écoute de ne pas parler,
de prendre le temps de gagner le respect et d'être gracieux et
pourtant persuasif.

4. Empathique

Nous sommes tous des êtres humains imparfaits; Nous avons
tous nos mauvais jours. Les dirigeants, qui reconnaissent
qu'il ou elle dirige des personnes complètes et non seulement

gérer pour un résultat, engendrera une quantité énorme de fidélité, d'engagement et de productivité. Traiter les autres, comme nous voudrions être traités, est un principe universel qui fonctionne bien depuis plus de 2000 ans!

5. Innovant

«Innover ou mourir» est un truisme qui est probablement plus pertinente maintenant, puis en tout temps depuis la révolution industrielle. Comme le Dr Gary Hamel le dit si justement; « L'innovation en gestion sera la source la plus durable d'avantages concurrentiels ». Il y aura beaucoup de récompenses pour les entreprises en avant-garde.

6. Mise à la terre

Les leaders doivent être centrés et équilibrés pour être efficaces et résilients. Nous devons être conscients de nous occuper de nous-mêmes afin que nous puissions effectivement servir les autres. Nous sommes le corps, l'âme et l'esprit et chaque chef devra veiller à leur propre bien-être fondamental, afin d'être durable dans le chaudron du lieu de travail moderne.

7. Éthique

Le choix désagréable de votre cadre moral ressemble à un

conducteur de succès d'affaires impair. Très peu de choisir d'aller sur le chemin de la corruption ou de l'excès, il est généralement une diapositive incrémentielle. Prendre une position tôt peut vous sauver, et d'autres, un monde de mal est une vie plus durable et le choix des entreprises. Souvent, c'est aussi simple que de faire ce que vous dites que vous ferez.

8. Passionné

Le chef de pierre du visage qui ne montre aucune émotion est une relique de l'ère industrielle. La véritable passion pour le peuple et le but sont de grands motivateurs qui construisent l'élan. Une équipe engagée, habilitée et dirigée avec une vision claire et un but établis par un leader passionné sont des forces sur lesquelles on doit compter.

L' impressionnante feuille de route de Mark pour sauver des entreprises qui périclinent est un message que les dirigeants doivent apprendre de coeur surtout pour notre monde des affaires en mouvement rapide.

CHAPITRE 17

SEPT QUALITES D'UN GRAND LEADER

1. Un bon leader a un caractère exemplaire.

Il est de la plus haute importance qu'un leader soit digne de confiance pour diriger les autres. Un chef de file doit avoir confiance et être connu pour vivre sa vie avec honnêteté et intégrité. Un bon leader «promène le discours» et, ce faisant, gagne le droit d'avoir la responsabilité pour les autres. La véritable autorité naît du respect du bon caractère et de la fiabilité de la personne qui conduit.

2. Un bon leader est enthousiaste au sujet de son travail

Il montre de l'enthousiasme pour son travail ou sa cause ainsi que de son rôle de leader. Les gens répondront plus ouvertement à une personne de passion et de dévouement. Les dirigeants doivent être capables d'être une source d'inspiration, un facteur de motivation pour l'action ou la cause requise. Bien que les responsabilités et les rôles d'un chef de file puissent être différents, le chef doit être considéré comme faisant partie de l'équipe travaillant vers l'objectif.

Ce type de leader n'aura pas peur de rouler leurs manches et de se salir.

3. Un bon leader est confiant.

Afin de diriger et de définir l'orientation, le leader doit paraître confiant en tant que personne et dans le rôle de leadership. Une telle personne inspire confiance dans les autres et attire la confiance et les meilleurs efforts de l'équipe pour bien accomplir la tâche. Un chef qui transmet la confiance envers l'objectif proposé inspire le meilleur effort des membres de l'équipe.

4. Un leader doit être ordonné, déterminé :

Un leader doit fonctionner de manière ordonnée et déterminée dans des situations d'incertitude. Les gens se tournent vers le leader en période d'incertitude et de manque de familiarité et trouvent une sécurité quand le leader dépeint la confiance et a un comportement positif.

5. Un bon leader est tolérant, calme et composé :

Les bons dirigeants sont tolérants à l'ambiguïté et restent

calmes, composés et déterminés à l'objectif principal. Les tempêtes, les émotions et les crises vont et viennent et un bon leader les prend dans le cadre du voyage et garde une tête fraîche.

6. Un bon leader est capable et pense analytiquement :

Un bon leader, maintenant l'objectif principal focalement est capable de penser analytiquement. Il voit une situation dans son ensemble et est capable de le diviser en sous-parties pour une inspection plus étroite. Il a, non seulement le but en vue, mais le décompose en étapes gérables et fait des progrès pour résoudre toute la situation.

7. Un bon leader est engagé à l'excellence :

Un bon leader est engagé à l'excellence pour conduire à la réussite. Il maintient des normes élevées et est proactif dans la hausse de la barre afin d'atteindre l'excellence dans tous les domaines.

Ces sept caractéristiques personnelles sont fondamentales pour un bon leadership. Certaines caractéristiques peuvent être plus naturellement présentes dans la personnalité d'un chef de file. Cependant, chacune de ces caractéristiques peut également être développée et renforcée. Un bon leader, qu'ils possèdent naturellement ces qualités ou non, seront diligents pour les développer et les renforcer constamment dans leur rôle de leader.

L'Auteur : Barbara White, expert en leadership. Actuelle présidente de Beyond Better Développent, spécialité : motivation et formation en relations interpersonnelles.

CHAPITRE 18

CE QUE FAIT UN LEADER POSITIF
Ses 7 Principes d'Application

De petites actions peuvent avoir de grands effets dans l'organisation d'une entreprise, quelle soit petite ou grande IL Y A PLUSIEURS CHOSES QU'ON PEUT FAIRE POUR METTRE LES GENS MAL A L'AISE, COMME IL Y EN A QUE FONT LE CONTRAIRE; par exemple, le fait de ne pas être reconnu à sa juste valeur ou de l'être peut être plus valable pour un certain employé que d'avoir une augmentation de salaire.

Jane E. Dutton et Gretchen M. Spreitzer, deux scientifiques en organisation d'entreprise, ont publié un ouvrage intitule « How To Be A Positive Leader » en 2014, ce livre nous donne sept principes pour renforcer le leadership positif pour mieux stimuler les employés.

Oui, il est possible de créer un profond changement dans l'entreprise à travers de simples actions pour changer positivement les attitudes des employés.

1. Encourager les interactions de qualité :

Créer des équipes dynamiques pour un avantage compétitif

dans une entreprise visant à l'augmentation de salaires par exemple peut être une source de curiosité et de motivation pour l'apprentissage de nouvelles choses ;

Pour atteindre ce but, on peut mettre en place deux stratégies:

Premièrement, le leader a besoin de montrer aux employés qu'il les respecte et les valorise. Ceci ne peut se faire que quand il prête attention à ce qu'ils disent et RESTE POSITIF lorsqu'ils expriment leurs opinions.

Deuxièmement, il doit faciliter le travail en équipe et les interactions positives encourageant les employés à jouer à plus de jeux (team building, course d'orientation).

2. Un rendement sensé de créer la motivation:

Quand un employé assume un poste significatif qui a un résultat positif pour les autres en dehors de l'entreprise cela améliore sa qualité de vie. Ce semple fait augmente considérément sa motivation intrinsèque.

Permettre aux employés de voir l'impact de leur travail, les connecter aux utilisateurs de leurs produits finaux par exemple en organisant une petite fête et inviter les clients pour témoigner en personnes de leurs satisfactions aux employés.

Demander aux employés de temps en temps de rendre compte de l'action qui a contribue au succès de l'entreprise.

3. Cultiver les identifies positives :

L'IDENTITE POSITIVE désigne tous ces éléments qui aident les gens à se sentir plus heureux et plus concentrés, ce qui se traduit par un meilleur travail. Mais alors qu'est-ce qui fait que les gens se sentent bien ?

Un cadre qui explique cette identité positive est le modèle « GIVE », qui a quatre éléments.

a/- Croissance : l'homme a tendance à se sentir mieux quand il évolue, progresse et sent qu'il s'approcher de plus en plus de l'homme qu'il voudrait être.

b/- Intégration : Quand l'homme fait bien la part des choses dans sa vie — comme dans son travail, sa famille et ses passions — cela favorise le développement de son

IDENTITE POSITIVE.

c/- Vertueux : S'il est vertueux à cause des ses actions qui définissent naturellement son identité positive; tout ce qui donne un sentiment de contribution et de bienveillance.

d/- Estime : Quand il sent que sa personnalité est appréciée par ceux qui l'entourent.

Un leader positif peut aider les employés à améliorer leurs identités positives en les encourageant à tirer parti de leurs forces et de leurs vertus au lieu du travail. Il peut le faire par exemple en demandant à un employé de lui raconter une histoire où il s'est senti en meilleur forme. En le faisant, l'employé aura une opportunité de parler ses POINTS POSITIFS de ses forces pouvant être UTILES pour le leader. Si l'employé va découvrir qu'il était empathique, le leader pourra facilement trouver une situation où cette empathie peut être exprimée, faisant de lui un médiateur entre deux employés en conflit à l'intérieur de l'entreprise.

Un leader positif devrait être capable de constamment utiliser à bon escient les bonnes qualités de son équipe l'aidant les membres à développer leur IDENTITE POSITIVE.

4. Admettre que chacun apporte sa couleur:

Quand l'entreprise traite chaque employé à peu près de la même façon, peu importe son parcours reconnaissant que nous sommes tous DIFFERENTS et UNIQUES, une telle entreprise doit laisser ses employés concevoir leur propre travail afin de tirer le meilleur pari de son personnel.

« Concevoir son travail consiste à laisser l'employé ajuster et personnaliser son rôle au sein de l'entreprise pour qu'il puisse y répondre selon ses passions, ses valeurs et ses capacités. C'est changer SON emploi plutôt que de changer D'EMPLOI.

Cela ne bénéficie pas seulement aux employés, mais aussi à l'entreprise. Les résultats d'un tel esprit seront les suivants: les employés seront moins absents, travailleront bien mieux et seront plus PROACTIFS.

Comment un employé pourra-t-il concevoir son emploi ?

C'est un concept variable qui peut fonctionner à différents niveaux, autant ouvertement que personnellement.

5. Créer des valeurs positives à l'intérieur de l'équipe :

On ne doit pas penser que pour qu'un employé réussisse dans

le monde de l'entreprise, il doit être sans pitié et très ambitieux. Mais dans les faits, l'une des plus grandes caractéristiques d'un bon employé est qu'il soit VERTUEUX — une qualité qui est souvent ignorée par les entreprises.

Les vertus comme celles de la gratitude, de l'honnêteté, et du pardon détiennent beaucoup de bénéfices pour les employés et l'entreprise.

Le principal avantage d'être vertueux est qu'il encourage au bien-être par des actes. Cela rend les employés plus joyeux, plus engagés et plus productifs, tout ce qui fait profiter l'entreprise.

Que devra faire un leader pour améliorer la VERTU AU LIEU du travail ?

a/- Encourager la gratitude, demandant aux employés de tenir un journal de gratitude, y notant quoi ils sont reconnaissants, que ce soit au travail où à la maison.

b/- Encourager la TRANSCENDANCE, qui se réfère par le sens d'un but profond. Cela peut être favorisé par la définition d'objectifs qui contribue à la société.

6. Apprécier les valeurs éthiques du leader :

S'il s'agit d'un Nelson Mandela, de Mahatma Gandhi et de Martin Luther King, tous ceux-ci ont quelque chose en commun: des LEADERS ETHIQUES : ils respectaient les autres.

Les LEADERS ETHIQUES ont tendance à avoir un impact positif envers leur équipe.

Les employés sous la coupe de leaders éthiques sont beaucoup moins susceptibles de se livrer à un comportement contraire à l'éthique, ce qui contribue à un environnement de travail positif.

Pourquoi le comportement éthique du leader est si important? L'une des normes humaines fondamentales de la réciprocité veut que quand un employé est bien traité par son leader, il réplique en agissant bien envers les autres.

Les leaders éthiques deviennent des MODELES A SUIVRE. Les COMPORTEMENTS ETHIQUES dans une entreprise ont un énorme impact sur l'exemplarité. Des sociétés. "Dites ce que vous faites, et faites ce que vous dites".

Le bon leader doit clarifier ses propres valeurs et les garder constamment à l'esprit. La valeur d'un leader éthique est susceptible de croître à l'avenir parce que les clients sont mieux informés.

7. Toujours considérer les employés comme ressource:

Le changement est omniprésent dans nos vies et il est étonnant de voir à quel point nous sommes mauvais pour le gérer efficacement. Cela est particulièrement avéré dans les entreprises, où le moindre écart peut semer la confusion ou aboutir à des affrontements entre les employés et les dirigeants.

Les dirigeants doivent faciliter les changements en ne regardant pas leurs employés comme une source constante de RESISTANCE au changement. Ce qui fait que les gens résistent au changement c'est quand ils doutent de leur capacité à l'effectuer; changer présuppose de perdre des mauvaises habitudes au profit des bonnes attitudes, et cela prend du temps.

Pour mieux se faire, les dirigeants ne doivent pas être frustrés se laissant prendre des décisions sans en informer leurs employés — ce qui empire la situation. Les leaders devraient essayer de se concentrer sur la transformation des employés ouverts pour en faire une ressource qui pourra alimenter la croissance de l'entreprise.

Plan pour atteindre certain objectif:

    a/- Favoriser la LIBERTE D'EXPERIMENTATION des
        employés.

    b/- Aider les employés à comprendre les AVANTAGES
cachés d'un changement.

    c/- Donner la liberté aux employé de poser des questions

    d/- S'adapter ou disparaître:

L'immobilisme n'a réussi à personne — pas même à Sparte — et rien dans ce monde ne peut rester stable à jamais.

La meilleure façon d'échapper à ce sort est d'être FLUIDE, PROTEIFORME. Et ça, les grandes entreprises numériques l'ont très bien compris pour attirer tous les talents du monde à servir leur vision.

CHAPITRE 19

LES QUALITÉS PROFESSIONNELLES D'UN BON LEADER

Voici ce que cinq professionnels du leadership considèrent comme des traits qui composent un bon leader:

Rachael Fisher-Layne, vice-présidente des relations avec les medias, JCPR, une agence de relations publiques

1. Honnêteté. Faites toujours la chose honnête. Il fait les employés se sentent comme ils savent où ils se tiennent avec vous en tout temps.

2. La concentration. Savoir où vous allez et avoir une forte mission déclarée pour diriger les gens sur. Si vous n'êtes pas sûr, comment vos gens peuvent-ils être sûrs? Vous devez avoir l'accent fort et de rester le cap.

3. Passion.

Quoi qu'il en soit, vous devez avoir la passion pour ce que vous faites. Vivez, respirez, mangez et dormez votre mission.

4. Respect.

Ne pas jouer les favoris avec les gens et le traitement de toutes les personnes - quelle que soit la station dans la vie, quelle classe ou quel rang dans l'organigramme - le même.

5. Excellentes capacités de persuasion.

Les gens doivent croire en vous et votre crédibilité. L'image est tout et la croyance que les gens ont en vous, votre produit, votre mission, vos faits ou votre réputation sont la clé d'être un grand leader. Il faut persuader les gens de cela - cela ne se produit pas.

[Darcy Eikenberg, un coach de leadership et de travail, Red Cape Révolution]

6. La confiance.

Si vous ne croyez pas en vous-même, personne ne le fera. J'entends des leaders s'inquiéter que s'ils montrent trop de confiance, d'autres les trouveront arrogant. La réalité est que les gens veulent savoir ce que vous savez avec certitude - et ce que vous n'avez pas. Avoir la confiance de dire «Je ne sais pas» est une compétence puissante.

7. Clarté.

 La seule façon d'obtenir la confiance est de devenir vraiment, vraiment clair sur qui vous êtes et ce qui est le plus important pour vous. Les nouveaux dirigeants échouent quand ils essaient de devenir toutes choses à tous, ou essaient de faire trop de leur domaine d'excellence. La clarté vous aide à dire «oui» aux bonnes choses - et «non» aux autres.

8. Soins.

Les dirigeants les plus forts et les plus efficaces que j'ai rencontrés ne s'intéressent pas seulement aux affaires, mais aussi aux gens qui y vivent et aux gens qui en souffrent. De plus, ils montrent qu'ils se soucient de leurs paroles et des actions, même prouver comment ils se soucient pour eux-mêmes et leur famille en prenant des vacances débranché et de poursuivre leur propre développement professionnel. Les soins ne devraient pas être un mot de quatre lettres dans notre milieu de travail aujourd'hui - et les meilleurs leaders le savent.

Tom Armor, co-fondateur, High Return Sélection, une firme de recrutement

9. L'intégrité.

Ce sont des gens qui sont respectés et dignes d'être écoutés. Je trouve qu'en général, en raison de toutes les difficultés économiques, les employés donnent la priorité et cherchent des dirigeants et des organisations qui sont honnêtes et respectent leurs engagements.

10. Compassion.

Trop de leaders ces jours gérer avec le bilan, souvent au détriment de leurs employés et à long terme des relations avec les clients. Les gens talentueux veulent travailler pour les dirigeants et les organisations qui se soucient vraiment de leurs employés et les communautés dans lesquelles ils opèrent.

11. Vision et actions partagées.

Les gens produisent de réels gains d'affaires et les gens intelligents doivent comprendre ce qui est nécessaire et faire partie de la solution.

12. Engagement.

Les grands chefs d'entreprise sont en mesure d'obtenir tous les membres de leurs équipes engagées. Ils le font en leur offrant des défis, en cherchant leurs idées et leurs contributions et en leur faisant reconnaître leurs contributions.

13. Célébration.

Dans l'environnement de travail d'aujourd'hui, les gens travaillent de très longues heures et ils ont besoin de prendre un certain temps pour célébrer leurs succès afin de recharger leurs batteries. Les dirigeants qui ne parviennent pas à faire de l'environnement deviennent « burnout » à cause des heures supplémentaires de travail.

Mike Sprouse, CMO, Epic Media Group, et auteur de "The Greatness Gap"

14. Humilité.

Les vrais leaders ont confiance, mais se rendent compte du point où ils deviennent de l'orgueil.

15. Autonomisation.

Les véritables leaders font que leurs associés se sentent enhardi et puissant, non diminué et impuissant.

16. Collaboration.

Les véritables leaders sollicitent les commentaires et les

commentaires de ceux qui les entourent afin que chacun se
sente partie du processus.

17. Communicatif.

Les vrais leaders partagent souvent leur vision ou
leur stratégie avec ceux qui les entourent.

18.Interpide ou courageux.

Les vrais leaders n'ont pas peur de prendre des risques ou de
faire des erreurs. Les vrais leaders font des erreurs nées du
risque.

CHAPITRE 20

LES 7 CHOSES QUE LES GRANDS LEADERS FONT DIFFÉRAMMENT

"Un leader est meilleur quand les gens savent à peine qu'il existe, quand son travail est fait et son objectif atteint. Ils diront alors: nous l'avons fait nous-mêmes." Lao Tseu

Les gens ordinaires vivent l'histoire alors que les grands leaders la forgent. Cependant, la grandeur est simplement un ensemble d'attitudes et d'habitudes différentes. Vous aussi, vous pouvez devenir grand si vous les adoptez. Voici ce que les grands leaders font différemment et comment vous pouvez commencer à appliquer ces habitudes dans votre propre vie.

1. Ils dédisent pour leur Avenir

Les leaders sont les personnes exceptionnelles; ils sont des capitaines de leur propre bateau qui s'appelle la vie. Ils savent que ce bateau suit leurs instructions et ils prennent la responsabilité de lui donner des directions. Ce sont eux qui

façonnent l'avenir en ayant une vision claire et prennent
100% des responsabilité pour tout ce qui leur arrive…
Un homme sans vision est comme un bateau sans destination.
Il navigue à la dérive au milieu de l'océan, et est à la merci
des marées et des vagues.
Tous les grands leaders ont une vision et ils poursuivent cette
vision avec une immense passion. Ils savent exactement ce
qu'ils veulent, sont donc en mesure d'amener les autres à les
suivre vers son résultat souhaité.

2. Ils restent fidèles à eux-mêmes quoi qu'il arrive .
Les leaders exceptionnels suivent leur propre voix intérieure
lorsqu'ils sont confrontés à une décision. Ils savent ce qui est
mieux pour eux et ils font tout ce qu'ils pensent de juste,
même dans l'adversité.
Ils disent leur vérité et ils agissent en fonction de ce qu'ils
estiment être vrai, même avec le risque que d'autres les
incrimine. Les leaders exceptionnels sont authentiques et
congruents. Voilà comment ils gagnent la confiance des
autres si facilement. Ils n'ont pas peur de s'exposer comme
ils sont – avec leurs points forts comme leurs faiblesses.
Ils admettent qu'ils sont humains et peuvent faire des erreurs.
Ils chérissent leurs imperfection et l'utilisent comme un
atout. Surtout, ils tiennent à leur individualité et n'ont pas
peur de le montrer, même à ceux qui sont en désaccord.
Les leaders exceptionnels restent fidèles à eux-mêmes, même
si les autres demandent la conformité. Ils savent qu'ils sont la
seule personne valable à qui il faut plaire. Ils ont un système

de validation interne très fort qui les guide, de sorte qu'ils n'ont pas besoin de l'approbation des autres.

Citation: "Avant d'être un leader, le succès c'est de réussir à vous élever. Quand vous devenez un leader, le succès c'est de réussir à élever les autres" Jack Welch

3. Ils persévèrent face aux obstacles

Un des traits de caractère les plus importants chez les leaders exceptionnels est leur capacité à glisser sur les revers et les rejets. Beaucoup de leaders exceptionnels ont été confrontés à des rejets avant de parvenir à obtenir que leurs idées soient acceptées. Pourtant, ils ont persévéré et ont réussi.

Ce qui les a amène aux succès est leur état d'esprit. Ils considèrent les obstacles comme des défis et des opportunités de croissance, pas comme des invitations à abandonner. Au lieu de les arrêter, les obstacles ont l'effet inverse: ils sont encore plus déterminés à réussir et à prouver qu'ils ont raison et les autres ont tort.

Les grands leaders ne se concentrent pas sur les problèmes et les rejets. Au lieu de cela, ils se concentrent sur les solutions, sur ce qu'ils peuvent apprendre et faire mieux la prochaine fois. Ils ne prennent pas les revers personnellement. Ils savent qu'ils ont raison – leur système de validation interne leur dit – et ils font tout le nécessaire pour convaincre le monde de ce fait.

4. Ils agissent avec courage malgré la peur

Les leaders exceptionnels sont admirés pour leur courage.

Beaucoup de gens ayant fait preuve d'un grand courage sont restés dans l'histoire comme des héros.

Mais ce qui a rendu ces personnes différentes n'était pas leur absence de peur . Au contraire . Ils ont eu peur comme tout autre être humain. Ce qui les différencie est leur capacité à ressentir cette peur et agir malgré elle.

Les gens exceptionnels ont les mêmes peurs, les mêmes doutes, les mêmes conflits intérieurs et les mêmes émotions que tout le monde. Mais ils ont appris à suivre leur vision, peu importe qu'ils ressentent. Ils savent qu'ils prennent des mesures pour une plus grande cause et cette vision les pousse à continuer, même face à la peur .

Ce n'est pas qu'ils ignorent leur peur; en fait, ils la reconnaissent – car ils reconnaissent leurs faiblesses et sont confortables à l'idée d'exposer leur vulnérabilité – mais ils font tout ce qui est le plus important pour eux et ils ne permettent pas à la peur de paralyser leur actions. Ils utilisent la peur comme un catalyseur qui les propulse dans la direction souhaitée.

5. Ils anticipent les obstacles et trouvent des solutions Le grands leaders ont un plan. Ils ne se content pas simplement de foncer la tête baissée, sans se préparer . Ils se taillent un chemin vers leur objectif. En outre , ils tentent de prédire ce qui peut arriver sur leur chemin , afin qu'ils puissent être préparés à n'importe quelle situation.

Mais ils ne pensent pas à toutes les choses qui peuvent mal tourner, et à trouver les moyens de les contrer. Cela consomme trop d'énergie et de temps. D'ailleurs, on peut penser à des millions de raisons pour lesquelles les choses pourraient mal tourner, mais ce n'est pas le but.

Les leaders exceptionnels ont appris à utiliser leur bon sens et à anticiper les défis. Ils font cela en observant comment les choses fonctionnent et se rapportent les unes aux autres. Ils ont une vision réaliste et évitent de surestimer ou sous-estimer leur situation actuelle. Ils ne sont pas trop excités, ni ne deviennent paranoïaques. Ils réussissent à regarder les circonstances, les situations et les gens et à les voir tels qu'ils sont.

Leur capacité à penser clairement et à ne pas être limité par des croyances leur permet d'anticiper avec précision les obstacles et trouver des solutions à l'avance.

6. Ils passent du temps sur ce qui compte le plus

Les leaders exceptionnels sont très efficaces. Et ils ont exactement les mêmes 24 heures par jour que tout le monde a. La différence réside dans leur capacité à gérer leur temps. Les grands leaders passent plus de temps sur les activités qui sont importantes pour eux et qui leur apportent le plus grand accomplissement. Comme ils ont une vision et un plan, ils savent exactement quoi faire pour en faire une réalité. Alors ils investissent leur énergie pour faire bouger les choses et à créer une vie pleine de sens.

Au contraire, la moyenne des gens passent leur temps à des activités qui distraient leur attention et ne leur apportent pas des gains à long terme. Ils viennent chercher la gratification instantanée et le plaisir autant que possible.

Les leaders exceptionnels sacrifient souvent le plaisir à court terme pour un gain à long terme, car ils savent que c'est là que le vrai bonheur vient. Ils ont appris à retarder leur satisfaction, tout en gardant un œil sur leur but final, et prennent les mesures importantes qui les rapprochent de leurs rêves.

Citation: "Être dirigeant consiste à organiser et ordonner. Être un leader, c'est nourrir et renforcer. "Tom Peters

7. Ils s'améliorent constamment

Les leaders exceptionnels ne se contentent pas de ce qu'ils ont. Ils cherchent à se développer constamment, ils cherchent continuellement à apprendre de nouvelles compétences et à développer leurs capacités. Les grands leaders sont des étudiants perpétuels et ils ne se lassent jamais d'apprendre. Ils ne s'arrêtent jamais de rêver non plus, et se fixent leurs propres objectifs. Ils ont une vision permanente de la façon dont leur idéal de vie ressemble et ils mettent à jour constamment cette image, dès qu'ils sont proche de l'atteindre.

Les leaders exceptionnels établissent des normes très élevées pour eux-mêmes . Chaque fois qu'ils sont près d'atteindre leurs objectifs , ils en fixent de nouveaux, afin qu'ils puissent continuer à aller de plus en plus loin. Ils sont en pleine expansion et en pleine croissance, et cherchent constamment de nouveaux défis à relever et de nouvelles façons de sortir de leur zone de confort.

Contrairement aux gens moyens qui s'installent dans le confort, les leaders exceptionnels embrassent les défis, car ils savent que ce sont les conditions préalables à la croissance et la satisfaction durable.

Citation: "Faire grandir et s'élever les gens est la plus haute vocation de leadership". Harvey Firestone

CHAPITRE 21

LES 5 FAUSSES D'UN MAUVAIS LEADER

1. Il n'est pas Véritable.

Vous devez être clair sur ce que vos valeurs sont et doit être cohérente dans leur application. Dans le cadre de cela, vous devez avoir le courage de tenir fidèle à eux. Vous ne devez pas perdre de vue la réalité. Les valeurs perdues peuvent être l'une des plus grandes causes de chutes.

2. Il n'a pas de conscience en soi.

Vous devez être clair sur ce que vos forces sont et quelles forces complémentaires dont vous avez besoin des autres. Cela comprend la compréhension des autres et l'apprentissage de la meilleure façon d'utiliser leurs forces. Beaucoup de dirigeants peu sophistiqués pensent que tout le monde devrait être comme eux; Qui peuvent aussi causer leur chute. Ils s'entourent de gens comme eux. «Le groupe pense» peut les aveugler et causer l'échec.

3. Il ne sait pas tirer parti des forces de l'équipe.

Une partie de la sensibilisation est de ne pas s'attendre à ce que les gens changent. Si vous pensez que vous pouvez changer quelqu'un, réfléchissez à nouveau. Cela ne signifie pas que vous ne pouvez pas les aider à grandir et à se développer. Mais ne vous attendez pas à changer quelqu'un (même vous-même) comporte mentalement. Nous sommes qui nous sommes. Votre travail en tant que leader est de comprendre les forces de chaque personne et de les placer dans des positions où ils peuvent s'épanouir et se développer. Si vous êtes bon à cela, vous avez une énorme partie de l'équation pour le succès.

4. Il ne sait pas exploiter la période de transition en

leadership. Passer du contributeur individuel au superviseur n'est que la première de plusieurs transitions le long du pipeline de leadership. Vous devez comprendre le modèle d'entreprise, comment il s'applique à votre position actuelle, ce que vous devez faire pour fournir la plus grande valeur, et comment tirer parti de vos forces à ce niveau. Cela nécessite de construire des compétences et de se concentrer sur les bonnes choses. Personne ne vous dit jamais qu'il y a beaucoup de niveaux et de nombreux ajustements que vous devez faire le long du chemin.

5. Il ne sait pas construire son propre soutien.

Vous devez favoriser un environnement positif qui permet à votre équipe de s'épanouir. Également en alignant les systèmes de récompense et de reconnaissance qui correspondent le mieux au profil de votre équipe et produisent des résultats.

CHAPITRE 22

LES HUIT (8) ENNEMIS POUR LA RÉUSSITE D'UN LEADER

Il y a 8 ennemis pour la réussite des dirigeants nouvellement promus. La transition vers un nouveau rôle de leadership peut être marquée par des obstacles politiques et personnels.

Nous voulons traiter ce sujet parce qu'il y a certains comportement que les gens adoptent pendant les périodes de sous pression. Quand il faut assumer un nouveau rôle, il faut faire attention de commettre des fautes qui pourraient facilement affecter le reste de leur leadership. Dans le monde réel, les leaders sont promus à de nouveaux rôles passionnants chaque jour et la promesse du succès reste brillante devant eux et ceux qui les ont porté à ces nouveaux rôles; L'opportunité frappe et la porte s'ouvre-alors la réalité frappe.

Les statistiques nous rappellent que, 40% des leaders nouvellement promus échouent dans leurs nouveaux rôles dans les 18 mois qui suivent. Cela prend un énorme péage sur les talents humains ainsi que des résultats escomptés.

Essayons de voir si nous pouvons fournir un guide stratégique pour aider les dirigeants nouvellement promus à réussir sans tomber dans les pièges que leur tentent les promotions dans de nouveaux rôles sociaux.

Ce qui suit sont ce que nous appelons les hui (8) ennemis, ainsi que des stratégies suggérées pour les vaincre.

Ennemi 1: Se gérer avant de gérer l'organisation :

Ne pas se comporter au premier abord comme celui qui sait tout ; ne pas s'isoler, être trop agressif, être hors de soi, répéter les vieilles habitudes et négliger le bien-être.

Pour conquérir l'ennemi intérieur, les dirigeants doivent gérer de façon proactive les comportements de stress afin de supprimer les obstacles de connexion avec les autres et de construire des relations vitales qui sont essentielles dans un nouveau rôle.

Ennemi 2: Ne pas se soumettre au chaos.

Il ne faut pas rester éternellement dans le sentiment comme si tout ce qu'on fait est éteint à cause des réponses des crises quotidiennes. Il faut tenir compte des conséquences, un dirigeant peut trouver qu'il est plus facile de se soumettre aux pressions quotidiennes plutôt que de reculer et de donner la priorité à l'apprentissage nécessaire pour vraiment comprendre les éléments clés du rôle qui sont bien suffisants pour contribuer pleinement à son rôle.

Pour gérer le chaos, un chef bénéficie le plus en adoptant une approche globale pour évaluer et donner la priorité à l'apprentissage pour le conduire stratégiquement à un nouveau rôle. Les aspects à examiner attentivement et la hiérarchisation des priorités sont la compréhension de l'organisation, de la culture, des affaires, des attentes des gestionnaires, des intervenants clés, des pairs et de l'équipe.

Ennemi 3: Mauvaise lecture des indices de culture

Les grands leaders sont des ennemis du statu quo. Les dirigeants les plus efficaces se considèrent comme ayant une attitude positive. Il ne faut pas se décrier comme l'ennemi de beaucoup. Il doit faire tout pour arranger tout le monde et soi-même contre un seul ennemi ; regarder les autres comme des ennemis du statu quo. STATUS QUO

« L'état actuel des choses vise à préserver le statu quo »

Voltaire a déclaré: «Le bien est l'ennemi du grand.» «Bon est l'ennemi du grand. Peu de gens atteignent de grandes vies, en grande partie parce qu'il est tout simplement si facile de se contenter d'une bonne vie.

Si nous voulons que nos organisations individuelles, nos pairs et nos employés se développent, nous devons nous rendre compte qu'il dépend de notre volonté de lutter contre le statu quo et de changer. Ne pas changer pour des raisons de changement, mais la considération introspective, réfléchie de changer pour gagner l'excellence.

Cet ennemi est celui qui est le plus susceptible de causer l'échec. Pourquoi? Parce que les gens vont rejeter un leader qui ne s'adapte pas avec succès pour s'adapter, ce qui provoque un leader de se déconnecter dans la plupart des relations Pour maîtriser les indices de la culture, il est préférable de comprendre la culture d'abord, puis de chercher à mener le changement souhaité -avec d'autres, de fournir des informations et d'obtenir à bord le long du chemin.

Ennemi 4: Les problèmes profonds avec son Gestionnaire

Les problèmes entre le leader et le gestionnaire sont très fréquents dans les entreprises et les organisations sociales. C'est difficile de trouver un synchronisme entre ces deux leaders. Souvent, c'est parce le leader attend que son gestionnaire passe du temps avec lui et fait des choses claires pour lui, oubliant qu'un rôle passif comme celui d'un nouveau leader prend du temps pour devenir clair à l'autre pour afin développer une relation productive.

Pour calibrer avec son gestionnaire un chef de file doit affirmer son influence pour réussir. Tenir régulièrement des réunions et s'adapter aux préférences de communication du gestionnaire. Il faut rechercher la clarté dans les attentes et négocier le temps d'apprendre et de comprendre l'entreprise.

Ennemi 5: Surprendre les parties prenantes et les pairs

Il faut éviter de ne pas se donner le temps pour travailler avec ses pairs et ses principaux collaborateurs. Il faut s'immerger dans la crise de la journée ou d'être sous la pression par les impératifs stratégiques donnés à la location par un gestionnaire.

Il ne faut pas faire attendre les relations, car les pairs et les principaux intervenants ont des informations vitales sur le gestionnaire du chef, des clients, de la culture et sur l'organisation. Une fois connectés, ces personnes partageront des informations vitales.

Se connecter avec les parties prenantes et les pairs est de permettre à ces personnes non seulement de contribuer à l'apprentissage du leader, mais aussi de plaider pour le succès du leader.

Ennemi 6: Ne pas aliéner votre équipe

Ne jamais négliger de consacrer du temps à votre équipe à chaque échéance. Un leader qui ne prend pas le temps risque d'aliéner et de désengager les membres de l'équipe et le potentiel de rotation des meilleurs talents.

Pour engager son équipe, il est essentiel que les membres de l'équipe aient des liens avec leur chef et croient que leurs intérêts sont mieux servis. Si cela se produit, les membres de l'équipe suivront le leader.

Ennemi 7: Sous-optimiser sa vision et son plan.

Ne jamais négliger les visions et les plans qui ont influencé votre équipe. Il ne faut pas changer de vision ou de plan alors que ces deux sont déjà établisse et sont en cours d'exécution. Sous-optimiser sa vision parce que vous l'avez mal articulée est votre faute et vous allez mettre en question votre responsabilité et détruire la direction, conduisant à la confusion. Par conséquent, la performance de l'équipe sera réduite. En fin de compte, l'équipe va se désengager sans une image inspirante de l'avenir.

Pour inspirer une vision et un plan, le leader doit d'abord prendre le temps de conquérir les six premiers ennemis. Ce sont ces six premières conquêtes qui vont lui permettre de considérer et de clarifier l'avenir à créer pour son équipe.

Avec la vision et le plan, le leader identifiera les priorités à fort impact qui garantissent le succès à considérer par l'équipe comme stratégiques opérationnelles. Si la vision est convaincante et bien articulée, et qu'elle intègre les commentaires de ceux mentionnés ci-dessus, le chef de file peut engager pleinement l'équipe afin d'avancer vers de niveaux élevés.

Ennemi 8. Ne pas célébrer les résultats positifs

Atterrissage c'est la célébration de la promotion recherchée : pour être sûr, mais ce qui se passe après c'est ce qui fait ou casse ces merveilleuses opportunités. En comprenant et en conquérant les sept ennemis du succès, un leader a toutes les chances de réussir.

CHAPITRE 23

LES SEPT (7) TRAITS CARACTÉRISTIQUES DU LEADERSHIP

Étudier la caractéristique du leadership est utile parce que nous avons tendance à briser les choses en caractéristiques pour rendre les grands concepts plus faciles à manipuler. Il y a des traits communs qui définissent le leadership, et les trouver ne prend que quelques études de ceux qui ont été couronnés de succès. En activant sur ces traits, vous pouvez devenir un leader plus fort. Voici quelques-uns des traits les plus courants dans la caractéristique du leadership:

1. Empathie:

Créer un rapport légitime avec votre personnel rend moins probable que les problèmes personnels et le ressentiment peut s'infiltrer et dérailler le groupe. Lorsque votre équipe sait que vous êtes empathique à leurs préoccupations, ils seront plus susceptibles de travailler avec vous et de partager votre vision, plutôt que de favoriser les sentiments négatifs.

2. Cohérence:

Être un leader constant vous fera gagner du respect et de la crédibilité, ce qui est essentiel pour obtenir l'adhésion du groupe. En donnant l'exemple de l'équité et de la crédibilité, l'équipe veut agir de la même façon.

3. Honnêteté:

Une autre caractéristique du leadership qui se prête à la crédibilité. Ceux qui sont honnêtes, surtout au sujet des préoccupations, rendent beaucoup plus probable que les obstacles seront abordés plutôt que d'éviter. L'honnêteté permet également une meilleure évaluation et la croissance.

4. Le Sens de direction:

Avoir la vision de sortir de la norme et de viser de grandes choses - alors les moyens de fixer les étapes nécessaires pour y arriver - est une caractéristique essentielle d'un bon leadership. En voyant ce qui peut être et la gestion des objectifs sur la façon d'y arriver, un bon leader peut créer des changements impressionnants.

5. Communication:

Une communication efficace aide à garder l'équipe de travail sur les projets de droite avec la bonne attitude. Si vous communiquez efficacement sur les attentes, les questions et les conseils, votre personnel sera plus susceptible de réagir et de réaliser vos objectifs.

6. Flexibilité:

Pas tous les problèmes exige la même solution. En étant flexible à de nouvelles idées et assez ouvert pour les considérer, vous augmentez la probabilité que vous trouverez la meilleure réponse possible. Vous donnerez un bon exemple à votre équipe et récompenserez de bonnes idées.

7. Conviction:

Une vision forte et la volonté de le voir est l'une des caractéristiques les plus importantes du leadership. Le leader qui croit en la mission et travaille vers elle sera une source d'inspiration et une ressource pour leurs adeptes.

Bien sûr, il existe plusieurs autres théories sur le leadership et les styles de leadership où différentes compétences entrent en jeu. Mais quelle que soit votre approche, si vous affichez les traits précédents, vous serez bien équipé pour diriger une équipe avec succès. Si vous souhaitez en savoir plus sur le leadership, inscrivez-vous à notre bulletin d'information! Apprenez quels styles principaux correspondent à vos points forts et caractéristiques du leadership mieux ici.

LES SIX DANGERS QUI MÉNACENT LE LEADERSHIP

Les leaders sont un élément clé dans les organisations en raison de leur capacité à maintenir une équipe unie et motivée. La clé du succès est de détecter les pires ennemis du leadership qui les mèneront à la médiocrité.

Voici les six dangers qui peuvent menacer votre leadership:

1. Hésitation

Le leader doit faire preuve de conviction lorsqu'il prend des décisions. Il ne s'agit pas d'agir comme si on sait tout, mais il est essentiel de sortir des doutes et de ne pas hésiter devant les membres de votre équipe. Hésiter à donner une commande ou à prendre une décision va décourager votre équipe parce que cela détruit l'image de fermeté et de certitude que le leader doit rayonner.

2. Indécision

L'indécision est l'une des menaces les plus graves à l'intégrité d'un chef de file. Modifier fréquemment l'esprit des objectifs principaux de l'organisation, modifier en permanence les objectifs des équipes et faire une habitude des changements de cours, non seulement nuire à l'organisation, mais aussi votre leadership.

3. Annulations et interruptions

Si on veut empêcher l'équipe de se sentir frustrée ou confuse au sujet des rôles que chacun joue au sein de son organisation, il est important d'éviter d'annuler les tâches confiées aux uns et aux autres, preuve de votre confiance sans pour autant donner des explications suffisantes. Il en va de même avec l'annulation des projets sans raison valable ou changer les responsables sans préavis. Tout cela détruit la motivation de tout le groupe.   Il en est de même de se mettre à faire la micro gestion à l'intérieur de l'organisation.

4. Méfiance

La qualité clé recherchée par les dirigeants est la confiance. Cependant, ruiner cette image est relativement facile: créer des doutes ou ne pas reconnaître les réalisations de l'équipe, et que la confiance s'effondrera.

5. Egocentrisme

Les leaders peuvent être leur propre pire ennemi. Il ne faut pas laisser une attitude égoïste détruire un bon travail qui se fait. Il ne faut pas bloquer le succès de votre groupe mais de saisir l'occasion de le féliciter et de montrer de l'intérêt pour leur travail. De même, il faut prêter main lorsque votre équipe a besoin de vous.

6. Manque d'appartenance

L'une des grandes responsabilités d'un bon leader est de faire en sorte que les employés se sentent appartenir non seulement à l'équipe, mais aussi à l'organisation. Les meilleures organisations sont celles dont les membres se rangent dans la même direction, avec la même motivation et le même but. Si on ne favorise pas ce sentiment d'appartenance, le leader doit savoir qu'il est en train de détruire son leadership.

CHAPITRE 25

LES SIX CARACTÉRISTIQUES D'UN MAUVAIS LEADER

Ce n'est pas tout le monde qui a la chance d'être dirigé par des leaders compétents. Il est en fait fort possible qu'en ce moment, vous ayez des frissons à l'idée de devoir revivre vos expériences avec de mauvais supérieurs – ou peut-être que vos plaies ont fini par guérir et que vous êtes désormais en compagnie d'une personne avec un style de leadership inspirant.

Peu importe si vous étiez exposé à quelqu'un de tel, en avez embauché un ou même que vous en étiez un vous-même à un moment ou un autre, les caractéristiques d'un mauvais leader devraient être identifiées afin d'améliorer ces dimensions de votre entreprise.

Voici quelques caractéristiques d'un mauvais leader qui peuvent sembler surprenantes… ou un petit peu trop familières.

1 . Les mauvais leaders évitent ou ignorent les conflits

Que ce soit lors d'un conflit direct avec un autre employé ou lorsqu'il est nécessaire de jouer les médiateurs entre deux partis dans une dispute, un leader ne devrait pas prétendre que tout va bien et assumer que les choses vont se régler d'elles-mêmes! Le fait d'éviter les différends ou les situations déplaisantes peut causer des frustrations accumulées, de l'amertume ou de la mauvaise communication.

Donc, même si un leader pourrait penser qu'il rend service à tout le monde en évitant la confrontation, cela peut facilement lui exploser au visage un jour ou l'autre. Un bon leader saura approcher la situation avec ouverture d'esprit et une mentalité proactive.

2 . Ils jouissent de leur pouvoir au lieu de responsabiliser les autres Etre dans une position de pouvoir ne veut pas dire qu'on a carte blanche pour abuser de ce privilège.

Un véritable leader fera un effort conscient afin d'inspirer les autres, investira du temps dans le développement de l'équipe et aidera ses employés à devenir meilleurs.

Quand le titre ou la position dans le classement monte à la tête, le point focal passe de la responsabilisation de l'équipe au désir d'amplifier son estime de soi. Le leadership, ce n'est pas le fait d'exercer un contrôle sur les employés – c'est plutôt de les guider et de leur donner une direction à suivre afin qu'ils puissent évoluer et atteindre leur plein potentiel. La meilleure approche est de définir clairement les attentes et les rôles de chacun, d'inviter les commentaires et de créer des opportunités stimulantes pour les autres afin de les aider à déployer leurs ailes. Responsabilisez les employés afin de pouvoir évoluer ensemble!

3 . Ils ne montrent jamais leur vulnérabilité

Les leaders peuvent percevoir leur rôle comme étant puissant, robuste et invincible et toujours vouloir démontrer un masque de perfection – et cela peut être plus intimidant qu'inspirant. Ce que plusieurs leaders ne voient pas, c'est que cette image de puissance si peu réaliste peut être perçue comme inabordable ou comme ayant une armure magique qui protège ces personnes des problèmes du quotidien dont les employés souffrent au jour le jour.

Depuis quand est-ce que la vulnérabilité est une mauvaise chose? Cela permet à ceux que vous essayez de responsabiliser de voir que vous aussi êtes susceptible aux erreurs, aux regrets et aux frustrations, et que la critique et le rejet ont aussi un impact sur votre état d'esprit – bref, que vous aussi, êtes un être humain!

Montrer sa vulnérabilité peut faire en sorte que vos subordonnés vous comprennent mieux et donc qu'ils se sentent moins défaits par leurs propres faiblesses. Mais comme d'habitude, la modération a bien meilleur goût!

4 . Ils sont aveugles quant aux forces de leur équipe

Je ne suis pas certaine sous quelle catégorie de défauts on pourrait classifier ce trait – peut-être comme étant du mauvais jugement de caractère? L'incapacité d'identifier le potentiel chez les autres? En tout cas, vous voyez ce que je veux dire.

Des leaders qui ne savent pas comment, ou en encore ne font pas l'effort de <u>voir les forces de la main d'œuvre</u> avancent à l'aveuglette.

Ils peuvent alors déléguer les tâches à ceux qui ne sont pas fait pour les accomplir, ou tout simplement ne pas voir le talent naturel d'un employé lorsqu'il aurait pu être fort utile pour l'exécution de certaines tâches.

Un bon leader utilise <u>les outils qui révèlent le véritable potentiel des autres</u>, ce qui non seulement permet de mieux assigner les tâches, mais donne aussi l'occasion de continuer à motiver les employés et de communiquer avec eux de la manière la plus efficace possible. Ne pas voir ces réflexes naturels, c'est ne voir que <u>la pointe de l'iceberg</u>.

5 . Les mauvais leaders n'avouent jamais être responsables

Être un leader veut toujours dire qu'on <u>accepte une certaine part de responsabilité</u> pour le résultat des projets ou des tâches que l'on doit performer. Cela veut dire qu'on doit prendre l'initiative plutôt que de placer le blâme sur les autres ou de se sentir victime. Donc, on doit avouer que le problème est notre responsabilité et passer à l'action afin de résoudre ou corriger la situation.

Un bon leader ne fait pas qu'accepter les louanges pour les bonnes choses et ignorer les mauvaises. Certes, parfois, c'est plus facile à dire qu'à faire! Il est plus FACILE de pointer les autres du doigt et d'être passif, mais il est nettement plus productif d'être proactif et vouloir améliorer la situation ainsi que s'améliorer soi-même. Il faut alors se demander comment on peut perfectionner sa performance ainsi que celles des autres. Comme un capitaine qui coule avec son navire, le leader ne devrait pas abandonner son équipe quand la situation tourne au vinaigre.

6 . Ils n'écoutent tout simplement pas

Pour les leaders, il y a plusieurs façons d'écouter. Il ne s'agit pas seulement d'être silencieux lorsque quelqu'un partage son point de vue; c'est aussi de faire attention au langage non-verbal, de donner des commentaires aux autres sur ce qu'ils viennent de partager ainsi que de paraphraser et confirmer ce qu'ils viennent d'affirmer.

Il y a aussi tout le domaine de la connaissance de soi, la véritable compréhension de son propre style de communication. Peut-être que vous êtes <u>un extraverti qui adore avoir tous les projecteurs brandis sur lui</u> et initiez donc plusieurs discussions par jour. Ou peut-être que vous savez que lors d'une discussion, vous avez tendance à partir sur des tangentes après 5 minutes. Peu importe la situation, sachez sur quoi il vous faut travailler en termes de communication (la manière dont vous vous exprimez et comment vous écoutez) afin de pouvoir bien entendre ce que votre équipe a à dire.

Il est très probable qu'une rencontre avec un mauvais leader ait été mémorable pour vous. Peut-être que cette personne n'a pas su gérer un conflit (ou qu'elle n'ait même pas essayé), ce qui a fait escalader les tensions. Peut-être qu'elle était assoiffée de pouvoir et n'a pas su démontrer sa vulnérabilité, ce qui a intimidé ses employés. Elle n'a peut-être pas été en mesure de percevoir les véritables forces de ses employés, n'a pas écouté de manière active ou encore placé le blâme sur les autres quand elle aurait dû faire preuve de responsabilité.

Peu importe à laquelle de ces caractéristiques d'un mauvais leader vous ayez eu à constater, enrôler ou participer, l'utilisation d'<u>outils qui peuvent révéler de telles tendances</u> est essentielle pour votre organisation.

Est-ce que vous, ou quelqu'un que vous connaissez, a ce qu'il faut pour être un bon leader?

CHAPITRE 26

LES CHOSES QU'ON N'ARRIVE PAS À DIRE À UN MAUVAIS LEADER

Voici la liste des 40 secrets que les clients , celles et ceux que servent les mauvais leaders ne leur ont jamais dits en face-à-face. Peu importe le type de clients qu'ils servent peu importe le business dans lequel ils sont.

Imaginez seulement ce que pensent en leur fort intérieur vos clients pour un seul instant…imaginez que vous les compreniez enfin, que vous gagnez leur confiance, que vous les fidélisiez. En tant que leader, souhaitez vous glisser dans la tête de vos plus fidèles clients dans le bon sens tout simplement. En prenant connaissance de cette liste vous serez plus à même de comprendre et serriez capable de mieux satisfaire leurs besoins les plus intimes…

1. Nul a besoin d'être parfait; les employés ne peuvent pas compter sur lui

2. Les employés ne peuvent pas lui dire ce qu'ils ne lui font plus confiance.

3. Ils ne peuvent pas lui dire combien heureux et joyeux ils sont chaque fois qu'il leur dit remerci.

4. Ils ne peuvent pas lui dire qu'ils ne font pas ce à quoi ils étaient engagés de faire.

5. Qu'il ne traite pas ses collaborateurs comme il aimerait être traité.

6. Aimerait-il payer ses service si il était un client?

7. Est-il sur que ces services sont indispensables dans la société et jugé comme une ressource irremplaçables ?

8. Est-ce que vos collaborateurs comprennent tous les messages qu'il leurs faites parvenir? Pourrait-il être plus clair quand il les adresse ?

9. Si quelqu'un vient à lui et lui dit qu'il a une vie compliquée, que pourrait-il lui dire ou faire?

10. Que pouvez-vous faire à quelqu'un qui ferait que ce dernier vous recommande à ses proches parce qu'il a été satisfait parce que vous l'avez fait passer pour quelqu'un d'unique?

11. Quand vous avez de l'argent, aimez-vous donner des cadeaux?

12. Qu'aimeriez-vous faire pour quelqu'un qui se sent seul(e) ou qui aimerait être pris(e) en charge.

13. Aimeriez-vous qu'on ait mauvaise foi en vous? Que pensez-vous tout le temps de ceux qui reconnaissent vos erreurs, tout le temps?

14. Aimez-vous recevoir de petits cadeaux personnalisés? En donnez-vous?

15. Est-ce qu'on vous avoue quand on ne vous comprend pas? Sinon, pourquoi? (de peur de faire se passer pour un idiot).

16. Que faire des relations non équilibrées?

17. Que faire de la jalousie quand l'autre reçoit plus d'attention que vous?

18. Comment traiter les excuses?

19. Vous considérez-vous comme la personne la plus intéressante? (Place du leader)

20. Que pensez-vous quand on vous vende ou quand on vente vos services?

21. Je veux acheter tes produits mais j'ai besoin que tu m'aides à trouver des excuses pour moi-même.

22. Voulez-vous qu'on pense de vous pour un génie?

23. Qui doit faire le sale boulot ? Et qui doit récolter les lauriers?

24. L'argent n'est pas un problème dès qu'on aborde mes obsessions.

25. Tu penses être bon dans un domaine ? Eh bien tu te trompes ! Demande-moi et je te dirais en quoi tu es le meilleur.

26. Je déteste lorsque tu décroches le téléphone alors que je parle avec toi.

27. Ce que je redoute le plus c'est la honte

28. Je suis beaucoup plus fainéant que tu ne le crois...

29. Je suis beaucoup plus égoïste que tu ne le crois

30. Je suis beaucoup vaniteux que tu veuilles bien le croire

31. J'ai beaucoup moins confiance en moi que je veux bien te le dire

32. Malgré tout cela, je pense en secret que je suis beaucoup plus intelligent que les autres. Aidez-moi renforcer ce sentiment et nous serons amis pour la vie.

33. J'estime que je mérite plus...

34. Je suis prêt à tout dire pour que tu me vendes tout mais je suis fainéant, rappelle-toi. Sois bref et va droit au but, surtout tu flattes mon auguste personne.

35. La plupart du temps, je ne sais pas ce que je veux, j'ai donc besoin de toi.

36. Je crois que tout ce qui ne va pas dans ma vie est la faute des autres. Aidez-moi à entretenir cette croyance et tout ce que tu diras sera parole d'évangile pour moi.

37. Que ce leader croit sincèrement que le monde tourne autour de lui seul.

CHAPITRE 27

LES PREMIERS PAS CHRÉTIENS À L'INTENTION DU LEADERSHIP

Croyez-vous dans votre cœur que Dieu vous appelle à être un leader, que ce soit dans votre communauté, dans votre famille ou dans le monde? Voulez-vous être l'un de ceux qui font de ce monde une meilleure place pour tout le monde? Voulez-vous positivement diriger et influencer les autres afin qu'ils puissent avoir émotionnellement, moralement et spirituellement foi et confiance en vous? Faites de ces principes à base bibliques le fondement de votre devenir comme leader divin.

Juste un rappel simple: Quand Dieu fait de nous des leaders, nous devons avoir en idée qu'il faut du temps pour devenir un grand leader. Par conséquent, il faut être patient dans le leadership. Dieu utilise toujours les humbles, des hommes bien formés, dévoués à la prière, éprouvés, disciplinés et fidèles à lui. Cela signifie que Dieu doit vous approuver comme celui qui va diriger son peuple.

1. Regarder sa position de leadership pour serviteur

- Ce genre de leadership est ce que Dieu désire de nous. Dieu dirige par des leaders-serviteurs. Gardez à l'esprit que Jésus est venu pour servir, et non pour être servi et a donné sa vie en rançon pour plusieurs (Matthieu 20:28). Pour être serviteur sous Christ, il faut d'abord apprendre de lui et offrir sa vie pour les autres sur son modèle. Et si vous ne savez vraiment pas comment le faire, priez et demandez à Dieu de vous montrer quand et comment mettre en œuvre ce principe."... Celui qui veut être un chef parmi vous doit être votre serviteur."

2. Oublier la place de patron:

Un leader qui se prend pour un patron ne pourra réussir dans aucun groupe social. Le seul et vrai Chef, tant du leader que de ceux qu'il dirige est Dieu. Nous travaillons tous pour Lui. Et si nous ne voulons pas être renvoyés, rétrogradés ou être non-qualifiés pour le travail que Dieu nous confie, apprenons de nous conduire avec humilité.

Humilité signifie douceur, patience, agir dans la douceur et sans colère ou au ressentiment. Acceptez que les gens vous regardent parfois comme faible; vous pouvez même vous sentir parfois comme embarrassé ou blessé moralement à cause de votre humilité. C'est la voie de Dieu et son processus pour vous honorer et vous promettre. Dieu aime travailler avec les humbles, parce qu'ils dépendent totalement en Lui. I Pierre 5-6 nous dit: " Humiliez-vous donc sous la puissante main de Dieu, afin qu'il vous élève au temps convenable; et déchargez-vous sur lui de tous vos soucis, car lui-même prend soin de vous. "Si nous voulons être de grands chefs et recevoir la faveur de Dieu sur nos vies, alors nous devons être humbles. La position de « chef » doit disparaître; C'est la fierté ; tout ce que Dieu déteste. Alors, pratiquez l'humilité.

3. Pas de Micro-gestion :

Quand on délègue le pouvoir à quelqu'un en même temps qu'il y a un système de micro-gestion dans ce même département, vous aggravez vos collaborateurs. Apprenez à déléguer. Cela vous charge de stress, et vous permet de vous concentrer davantage sur ce que vous devez faire. Sachez que nous travaillons tous ensemble pour Dieu. Donc, si vous embauchez quelqu'un pour faire un travail ou remplir un rôle, faites-lui confiance; Ne pas faire la micro-gestion. Donnez-lui la possibilité et la liberté d'utiliser ses talents. Vous n'êtes pas le maître de toutes choses. Seul Dieu l'est ... alors laissez Dieu travailler par ceux que vous menez pour accomplir la mission. Vous serez étonné de la paix qui gagnera votre cœur et des nouvelles relations formées à cause de cette confiance.

4. Prendre soin de soi-même en tant que leader

Prenez soin de vous-même spirituellement, moralement, mentalement et physiquement. I Timothée 4: 7 dit: «... passe ton temps et ton énergie à t'entraîner spirituellement. La condition physique a une certaine valeur, mais les exercices spirituels sont beaucoup plus important. Nous devons étudier la Parole de Dieu, la méditer, la mémoriser, et surtout, faire ce qu'elle dit. Ça ne fait pas de sens d'aller à l'église, d'entendre les messages, ou de lire la Bible et de ne pas OBÉIR ce qu'elle dit. C'est de la tromperie selon Jacques 1:22: «Mettez en pratique la parole, et ne vous bornez pas à l'écouter, en vous trompant vous-mêmes par de faux raisonnements..

NOTA BENE: La Bible ne dit pas que l'exercice physique n'est pas important. Elle dit simplement que la condition spirituelle est beaucoup plus importante. Nous devons donc prendre soin de nos corps comme le dit Romains 12: 1 et 2 Timothée 2: 20-21. Nous reposer quand il le faut, pratiquer l'autodiscipline et la maîtrise de soi. En fin de compte, les deux exercices vont ensemble pour nous aider de continuer la course de la vie.

5. En tant que leader, gérer son stress et émotions:

- Quiconque qui est un leader doit gérer à la fois son stress et ses émotions. En tant que leader à l'image du Christ, nous avons la possibilité de mieux gérer notre stress et nos émotions. Jésus nous enseigne dans Jean 15: 8: «En ceci mon Père est glorifié, que vous portiez beaucoup de fruit; et vous serez alors mes disciples. " Galates 5 :22-23 ¨Mais le fruit de l'Esprit, c'est l'amour, la joie, la paix, la patience, la bonté, la bénignité, la fidélité, la douceur, la tempérance; la loi n'est pas contre ces choses. Ainsi vous voyez, nous devons conduire avec le caractère.

Rappelez-vous que c'est pendant ces moments de stress et des émotions que le Seigneur nous regarde pour voir comment nous les gérons ainsi bien que son peuple en tant que leader. Faisons attention de frapper le rocher comme Moïse l'a fait dans Nombres 20. Nous sommes des "Josué"! Notre but est d'atteindre terre promise, ne pas l'accomplir à cause du peuple ou des émotions incontrôlées. Notre devoir est de conduire le peuple de Dieu en l'obéissant, et en embrassant la grâce, la miséricorde et son amour, tout en gardant nos émotions sous contrôle ; c'est dans ces conditions que Dieu sera glorifié!

CHAPITRE 28

LES PARTICULARITÉS DU LEADER CHRÉTIEN

Jésus dit que nous sommes la lumière du monde, donc nous devons être de ceux qui prennent les initiatives, qui montrent le chemin. Malheureusement, par paresse, par tradition, par fausse humilité nous refusons la place que le Seigneur voudrait nous voir occuper, la place qui nous est réservée. Mettre en valeur ce qu'on a ou ce que Dieu nous a donné n'est pas synonyme d'orgueil mais plutôt de reconnaissance au Donateur.

Le monde est à la recherche des vedettes, des leaders, des modèles. Donnons-leur l'occasion de nous voir comme les véritables modèles dont ils ont besoin. Plus nous donnerons ce que nous avons reçu du Seigneur, mieux nous recevrons ce que Dieu nous promet. Car, affirme la Parole de Dieu, on donnera toujours à celui qui a et il sera dans l'abondance, mais à celui qui n'a pas on ôtera ce qu'il croit avoir. Plusieurs refusent de s'engager comme leader, parce qu'ils ne veulent pas payer le prix. Le leader a des préoccupations différentes de celles des autres. Si on a un semblant de conflit entre le ministère et le travail, c'est que Dieu veut que nous mettions l'accent sur le travail pour soutenir le ministère, si du moins nous sommes honnêtes avec Dieu.

Quels sont les objectifs du leader chrétien ?

<u>Les objectifs du leader chrétien sont :</u>

    1- susciter la foi dans le coeur du peuple qu'il conduit

    2- amener les autres à croire en eux-mêmes

    3- donner de l'amour qui comble un besoin spécifique.

Il faut savoir que le monde a besoin des gens qui prennent des initiatives. Cela se voit un peu partout. Les grands patrons ou les cadres des entreprises font appel à des coaches pour booster le personnel de l'entreprise.

1 Samuel 17 : 41-54

Le Philistin s'approcha peu à peu de David, et l'homme qui portait son bouclier marchait devant lui. Le Philistin regarda, et lorsqu'il aperçut David, il le méprisa, ne voyant en lui qu'un enfant, blond et d'une belle figure. <u>Lire la suite</u>

Le monde a besoin des héros, et l'église aussi a besoin des leaders qui ont réussi (dans tous les domaines). Le leader libère l'onction, l'amour et le caractère. Il suscite ou active aussi la foi de ceux qu'il conduit.

(L'exemple d'un DG d'une grande entreprise qui a rendu visite à un de ses ouvriers malade. Cette visite a rapidement remonté le moral du malade et créé un effet positif dans le rendement des ouvriers).

1. Le leader communique toujours une vision. Il est un catalyseur qui amène vers un objectif, une vision. Même dans le désert, dans la brousse, il voit un chemin à suivre. Le leader arrive à découvrir les talents et les qualités qu'ont les autres autour de lui. Les gens ont besoin qu'on leur dise ce qu'ils doivent faire.

Romains 10 : 15. Et comment y aura-t-il des prédicateurs, s'ils ne sont pas envoyés ? selon qu'il est écrit : Qu'ils sont beaux les pieds de ceux qui annoncent la paix, de ceux qui annoncent de bonnes nouvelles !

2. Le leader a quelque chose à transmettre.

Ce qu'il donne ne se voit pas, mais porte des fruits. Le leadership est nécessaire dans la société et encore plus dans l'église. Les leaders sont les amis de Dieu.

3. Les quatre aspects de l'autorité

Il est important de savoir que (a) toute autorité a des limites, qu'il faut absolument connaître si l'on veut éviter les abus de toute sorte.

En tant que leaders, nous devons (b) persuader les autres individus à suivre les principes que nous pensons être les meilleurs.

En voulant atteindre les objectifs (même inspirés par Dieu) © nous pouvons, sans faire attention, nous transformer en tyrans parce que nous franchissons notre zone d'autorité. En toute chose, (d) il faut connaître ce qu'est le positionnement de l'âme, car il n'y a pas de limites dans le monde spirituel. Il ne faut donc pas positionner son âme sur un groupe dont on n'a pas l'autorité. Positionner son âme, c'est influencer positivement ou négativement. L'âme positionnée est un canal ouvert pour recevoir.

Penser à quelque chose fortement libère l'énergie. Positionner son âme sur le groupe dont on n'a pas l'autorité est assimilable à une pratique de la sorcellerie qu'on pourrait appeler « sorcellerie charismatique ». En fait, lorsqu'une personne qui a une autorité inférieure doit parler, elle doit le faire avec respect. Elle doit faire connaître ses points de vue sous forme de suggestions, en se gardant de donner des leçons ainsi qu'il est écrit dans:

1 Timothée 5 : 1, Ne réprimande pas rudement le vieillard, mais exhorte-le comme un père; exhorte les jeunes gens comme des frères,

S'il s'agit de l'intercesseur, il doit se garder de manifester une quelconque autorité et influence sur le leader. Son rôle étant de couvrir par les prières son conducteur spirituel, et d'élever autour de lui une muraille spirituelle. Il ne doit pas chercher à contrôler d'une manière ou d'une autre le leader. Il ne doit jamais chercher à faire passer sa vision ou à imposer sa vision au leader. Car, si une âme bien positionnée peut être une arme pour le royaume de Dieu, une âme mal positionnée est contre le royaume de Dieu.

4. La victoire dans les conflits d'influence

Les conflits se manifestent partout où les êtres s'organisent, travaillent à la réalisation de certains projets. Les conflits révèlent la vitalité du groupe, ils ne sont pas suscités par des personnes inexpérimentées, mais plutôt par les anciens qui pensent en savoir un peu plus que le leader établi.

C'est pourquoi, le leader doit faire en sorte de garder sa place de leader en mettant en exergue la vision. Il doit savoir garder la vision et l'autorité reçues. Toute action ou parole tendant à minimiser, à banaliser, ou pire à mépriser l'autorité, est lourde de conséquence. Cependant, si pour plusieurs raisons, le leader se trompe, les collaborateurs doivent recourir à la prière et ne jamais le défier ou l'affronter.

1 Timothée 2 : 1-3

J'exhorte donc, avant toutes choses, à faire des prières, des supplications, des requêtes, des actions de grâces, pour tous les hommes, pour les rois et pour tous ceux qui sont élevés en dignité, afin que nous menions une vie paisible et tranquille, en toute piété et honnête.

Galates 2 : 11

Mais lorsque Céphas vint à Antioche, je lui résistai en face, parce qu'il était répréhensible.

Si, à l'issue des prières d'intercession en sa faveur, aucune transformation ne se produit, les collaborateurs sont libres de quitter le conducteur spirituel.

Que faire, si le leader est confronté à des cas de révolte ou de rébellion, comme ce fut le cas de Qoré, Datan et Abiram dans Nombres 16.1-35 ? Le leader offensé doit rechercher la direction de Dieu, comme Moise l'a fait. Il ne doit pas se précipiter à prendre des décisions, sans avoir reçu les instructions du Seigneur. Il doit ensuite approcher les révoltés ou les rebelles, pour les ramener sur la bonne voie. Car il se peut que le leader ait, par négligence, confié la totalité de son autorité à son adjoint. Dans ce cas, il arrive souvent que les deux se battent pour garder le pouvoir ou le contrôle du groupe. Le leader aura toujours besoin de consulter Dieu pour connaître sa direction.

Mais, quoi qu'il en soit, il est plus important d'éviter les luttes pour le pouvoir que de les gagner. Le leader doit enseigner aux autres placés sous son autorité les règles de la délégation de pouvoir. Il ne doit confier le pouvoir qu'à celui ou à ceux en qui il a confiance. Celui qui assure l'intérim doit connaître les limites de l'autorité qui lui a été confiée. Ainsi, il doit rappeler constamment la mission dont il a été chargé, dire le nom du leader de l'organisation dont il assure l'intérim en son absence. Cependant, la personne choisie ne doit pas prendre possession du groupe. Il doit faire un rapport régulier sur l'évolution du groupe au leader principal absent. Celui-ci lui donnera des instructions.

Celui qui a été nommé sur un groupe par le leader principal doit respecter la constitution du groupe. Il doit étudier le groupe avec patience. Il doit éviter de faire ou de provoquer des comparaisons entre lui et celui dont il assure l'intérim. Il doit faire en sorte que les membres du groupe ne fassent pas de comparaisons entre lui et le leader principal absent.

Le leader doit, dans tous les cas, éviter de nommer rapidement les gens. Il doit s'organiser à être productif. Il doit faire travailler tout le monde. Tout le groupe doit être soumis à son autorité. Chaque collaborateur du leader doit positionner son âme par rapport à son domaine.

Le leader doit être persévérant. Il ne doit pas abdiquer sa

tâche, sauf instruction contraire du Seigneur. En clair, le leader doit s'attacher aux idées suivantes :

Le leader doit être sûr de lui. Il doit être certain de la vision et de son onction et savoir les communiquer à tous.

5. Le leader doit être légitime dans l'exercice de son autorité, lorsque celle-ci est exercée dans sa sphère d'influence.

2 Corinthiens 10 : 13

Pour nous, nous ne voulons pas nous glorifier hors de toute mesure; nous prendrons, au contraire, pour mesure les limites du partage que Dieu nous a assigné, de manière à nous faire venir aussi jusqu'à vous.

Romains 12 : 3

Par la grâce qui m'a été donnée, je dis à chacun de vous de n'avoir pas de lui-même une trop haute opinion, mais de revêtir des sentiments modestes, selon la mesure de foi que Dieu a départie à chacun. Il ne doit pas imaginer sa sphère d'influence, mais il doit être réaliste dans son appréciation concrète.

6. Il doit être conscient de franchir des étapes dans l'exercice de son autorité. Et il ne doit pas aller au-delà de cette son autorité, aux risques de s'exposer aux représailles de tout genre, y compris aux représailles spirituelles.

Il ne doit pas utiliser son autorité pour combler ses limites ou insuffisances spirituelles, émotionnelles, morales ou intellectuelles. Un leader spirituel doit avoir fini avec le passé.

7. Quelques recommandations utiles

1- éviter le complexe de supériorité ou d'infériorité

2- savoir que notre autorité vient de Dieu

3- assumer son autorité avec sérieux et sans complaisance

4- assumer sa responsabilité en commençant là où nous sommes établis.

5- savoir remplir correctement sa mission de manière progressive, et faire aujourd'hui ce qu'on est capable de faire aujourd'hui.

8- savoir s'occuper de ceux qui sont sous son autorité dans son domaine d'influence.

Croire en l'onction en soi

Chacun doit savoir ce que Dieu lui a donné. A chaque onction correspond une responsabilité. A chaque personne est départie une mesure de foi, une responsabilité particulière. On ne peut s'improviser leader. On manifeste simplement ce qu'on est.

Le leader doit développer une capacité de gestion, d'anticipation et d'intuition sous l'inspiration du Saint-Esprit.

9. L'onction en nous permet d'avoir les yeux ouverts, les oreilles ouvertes sur les choses que les autres ne savent pas. L'intuition et la logique sont complémentaires. L'onction agit en nous et permet d'évoluer. Nos messages et nos interventions dans une Église, dans une cellule, doivent être préparés d'avance.

L'onction stimule les fonctions naturelles d'un leader chrétien, de sorte qu'il puisse travailler avec plus d'efficacité et de rendement.

Le leader doit développer une certaine communion avec ceux sur qui il est établi. Car, quand un leader ne porte plus sa brebis dans son coeur, celle-ci disparaît de sa communauté. En d'autres termes, ne pas porter sa brebis dans son coeur, c'est livrer celle-ci à la perdition.

Proverbes 4 : 23

Garde ton coeur plus que toute autre chose, Car de lui viennent les sources de la vie.

C'est pourquoi, il faut absolument éviter le syndrome de la porte tournante, c'est-à-dire le fait que des personnes entrent et d'autres sortent de la communauté.

Par notre coeur nous pouvons lier ou délier des âmes mais nous devons le faire dans notre sphère d'influence. (2 Cor. 10).

<u>Jean 17 : 12</u>

Lorsque j'étais avec eux dans le monde, je les gardais en ton nom. J'ai gardé ceux que tu m'as donnés, et aucun d'eux ne s'est perdu, sinon le fils de perdition, afin que l'Ecriture fût accomplie.

10. Le leader exerce une couverture spirituelle sur les brebis en portant à coeur ces brebis. Mais une brebis exerce aussi sur elle-même une couverture spirituelle. Cette couverture spirituelle est aussi une réalité dans la cellule familiale (pour le père et la mère). A suivre.

11. On reconnaît un vrai leader plus à ce qu'il ne fait pas qu'à ce qu'il fait.

a) Ecouter leurs peurs

Les leaders ne sont pas des surhommes, comme tout le monde ils ont des faiblesses et des limites. Mais, à la différence des autres, ils savent passer outre et réaliser leurs rêves malgré tout.

b) Ne pas se remettre en question

Suivre sa propre voie et ne pas se fier au regard des autres ne signifie pas pour autant ne pas écouter les conseils avisés de personnes compétentes. Les grands leaders savent ne pas être aveuglés par leur propre vision.

c) Essayer d'être ce qu'ils ne sont pas

La différence entre une personne qui connaît le succès et un vrai leader est que ce dernier n'essaie jamais de se donner un genre ou de paraître ce qu'il n'est pas. Les grands leaders savent que l'authenticité est bien plus efficace que l'autopromotion !

d) Faire ce que tout le monde fait

Les vrais leaders ont tendance à naturellement ne pas suivre les codes sociaux ou les pensées de groupes et à défier le statu quo.

e) Avoir peur de la compétition

Les grands leaders tirent leur motivation de la volonté de dépasser leurs concurrents. Ils sont confiants dans leur capacité à gagner la bataille de la concurrence.

f) Perdre du temps

Les grands leaders ne perdent pas une minute car ils veulent avancer vite dans la réalisation de la vision qu'ils ont pour leur entreprise. Ils ne procrastinés pas et ne perdent pas de temps à se demander ce que les autres pensent.

CHAPITRE 29

LES QUALITÉS D'UN LEADER SPITITUEL

Notre société est de plus en plus complexe. Les méthodes traditionnelles de gestion des affaires familiales vers les organisations sociales et sans but lucratif ont besoin de gens qui ont, d'une manière ou d'une autre, une certaine formation spéciale et surtout qui considèrent Jésus Christ comme son modèle de leadership.

Comme vous lisez ce chapitre, nous ne sommes pas quelqu'un qui a reçu une formation spéciale en leadership, mais quelqu'un qui voit le vide dans tout le cercle de la vie surtout en Afrique. Du gouvernement aux affaires de famille passant par les églises et les entreprises, nous voyons comment le leadership est presque quelque chose de non connu. La conséquence de cet état de l'affaire nous amène à penser à nos pays à marcher vers la direction d'un autre pays Noir, la troisième nation au monde à devenir indépendance en 1801, à savoir Haïti. Je ne vois rien entre les nations africaines qui fait double emploi avec l'expérience haïtienne en 200 ans. Tous les personnages, les attitudes, les principes, les valeurs et les personnalités que nous allons couvrir dans ce livre sont inconnus, non existants parmi les organisations et les systèmes en place dans toutes les nations africaines. Nous sommes certains que ce livre sera rejeté, car ce sera le combustible Africain des valeurs politiques, économiques et sociales et les modes de vie. Dieu nous a placés tous dans une position de direction, sinon dans nos lieux de travail ou églises, puis certainement dans nos maisons en tant que parents. Je sais qu'il y a eu des moments où je n'explique pas les qualités d'un leader divin. J'espère apprendre en écrivant ce livre.

Ce chapitre est rempli de leçons de leadership. Voici ci-dessous neuf principes qui sont des caractéristiques essentielles d'un bon leader, divin.

1. Un bon leader cherche la direction de Dieu : Y a-t-il quelque chose de plus important dans un chef qu'il ne cherche la direction de Dieu? Proverbes 16: 1 dit: «Les plans du cœur appartiennent à l'homme, mais la réponse de la langue vient du Seigneur.» Le verset 3 ajoute: «Confie ton œuvre au Seigneur, et tes plans seront établis. «Le cœur de l'homme planifie son chemin, mais le Seigneur établit ses pas.» Un bon leader cherche le Seigneur, se livre à l'Éternel, et le Seigneur établit les prochaines étapes.

2. Un bon leader est modeste, pas arrogant :

Nous avons tous rencontré le leader du savoir-faire, le leader du «soumettre-ou-autre». Mais Proverbes 16: 5 dit: «Quiconque est arrogant de coeur est une abomination pour le Seigneur; Soyez assuré, il ne sera pas impuni. "Je ne sais pas pour vous, mais je ne veux certainement pas être mentionné comme une abomination au Seigneur. C'est un truc assez effrayant.

3. Un bon leader est un pacificateur :

Proverbes 16: 7 dit: «Quand les voies d'un homme plaisent à l'Éternel, il rend même ses ennemis en paix avec lui.» Pourtant, beaucoup de dirigeants ne sont pas intéressés à examiner un point de vue opposé ou d'autres idées. Nous avons perdu la capacité de sympathiser avec les autres, et le compromis est devenu un mauvais mot. Il y a quelque chose à dire de respecter les principes. Je crois que Dieu nous appelle à être fermes. Il ne nous appelle cependant pas à être des saccadés. Et quand notre «audace» est interprétée comme «froideur», nous ne le faisons pas correctement.

4. Un bon leader est juste et droit :

"Mieux vaut un peu de justice que de grands revenus avec injustice" (Proverbes 16: 8). Je crois en objectifs, et travailler dur pour les atteindre. Mais, la fin toujours justifiant les moyens n'est tout simplement pas vrai. Un bon leader est plus intéressé à faire les choses de la bonne façon.

5. Il s'entoure de conseillers honnêtes et dignes de confiance .. puis il les écoute. "

Les lèvres droites sont la joie d'un roi, et il aime celui qui dit ce qui est juste" (Proverbes 16:13). Connaissez-vous des dirigeants qui s'entourent de gens «oui»? L'insécurité personnelle les pousse à ne chercher qu'un renforcement positif pour chaque décision qu'ils prennent. Un leader intelligent s'entoure de personnes plus intelligentes, qui sont disposées à parler leur esprit et à offrir un conseil judicieux. Après tout, «Sans conseil, les plans échouent, mais avec beaucoup de conseillers ils réussissent» (Proverbes 15:22).

6. Un bon leader est un bon étudiant : Proverbes 16:16 dit:

"Combien mieux d'avoir la sagesse que l'or! Pour obtenir la compréhension, il faut choisir plutôt que de l'argent. »Un bon leader devrait toujours être l'apprentissage, la croissance et l'amélioration. Le jour où vous vous sentez qu'il n'y a rien à apprendre, c'est le jour où la fierté et l'arrogance ont pris racine. Et, nous avons déjà discuté comment le Seigneur se sent sur l'arrogance.

7. Un bon leader est humble.

Nous avons vu d'innombrables exemples éminents de Proverbes 16:18: «La fierté va avant la destruction, et un esprit arrogant avant une chute.» De politiciens et de célébrités à PDG et pasteurs, beaucoup ont saisi les titres comme leurs empires sont tombés. Dans la plupart de ces cas, c'est l'orgueil qui s'est glissé po Ils se sont considérés invincibles, mais rapidement découvert que personne n'est. «Il vaut mieux être d'humble esprit avec les pauvres que de partager le butin avec les orgueilleux» (Proverbes 16:19).

8. Un bon leader est raisonnable et gentil :

«Le bon sens est source de vie pour celui qui l'a, mais l'instruction des fous est folie. Le cœur du sage rend sa parole judicieuse et ajoute de la persuasion à ses lèvres »(Proverbes 16: 22-23). Être intelligent et sensible fait un bon leader plus convaincant et efficace. Un bon leader utilise des "paroles de grâce" (verset 24), pas une parole qui est "comme un feu brûlant" (verset 27).

9. Un bon leader est lent à la colère :

Nous avons tous vu les caricatures dans les films et la télévision du patron en colère; La personne qui crie sans raison, aboie les ordres et réprimande et démoralise le personnel. Peut-être avez-vous même travaillé pour une telle personne. La Bible dit que «Celui qui est lent à la colère est meilleur que le puissant, et celui qui dirige son esprit que celui qui prend une ville.

En lisant ces qualités d'un bon leader, j'espère que vous les trouverez aussi difficiles que moi. Dieu nous dit comment être efficace, les dirigeants de Dieu. C'est à nous de mettre de côté nos tendances humaines et d'embrasser ces principes. C'est aussi à nous de prier pour ceux sous lesquels nous servons, qu'ils seraient aussi les bons chefs que Dieu veut qu'ils soient.

CHAPITRE 30

LES VINGT-ET-UN (21) LOIS IRRÉFUTABLES DU LEADERSHIP. Selon John C. Maxwell

Pour John C. Maxwell, qu'il s'agisse de réussite ou d'échec, tout dépend du leadership. Pendant que vous travaillez à bâtir votre organisation, souvenez-vous que...

Le personnel détermine le potentiel de l'organisation. Les relations déterminent le moral des membres de l'organisation. La structure détermine la taille de l'organisation. La vision détermine l'orientation de l'organisation. Le leadership détermine le succès de l'organisation.

Pour développer votre leadership, John C. Maxwell a écrit ces 21 lois. Ce résumé saura, je l'espère, vous inciter à lire le livre au complet...

1. La loi du couvercle

Tout ce que vous cherchez à accomplir sera limité par votre aptitude à être un meneur d'hommes. Le talent de l'équipe est rarement un problème... le leader et les joueurs clés font la différence. Plus le leadership est élevé, plus l'efficacité est grande. Plus l'impact que vous voulez créer est grand, plus votre influence doit être grande. Reconnaissez vos talents et vos limites.

2. La loi de l'influence

Être un leader, c'est exercer de l'influence, rien de plus, rien de moins. L'influence est reliée à un seul objectif clair, limpide et mobilisateur. L'influence est centrée sur l'action et la capacité à faire que les choses se réalisent. L'influence permet de mettre à l'ordre du jour les choses importantes pour les bonnes raisons. L'influence n'est pas reliée à votre titre, elle se gagne dans l'action et il faut travailler fort pour y arriver.

3. La loi du processus

Le leader développe ses talents jour après jour. Il distingue les leaders du commun des mortels. Le leader a une vision à long terme pour faire fructifier ses avoirs. Le leader développe sa conscience et son efficacité. Etre un leader de demain c'est apprendre aujourd'hui.

4. La loi de la navigation

N'importe qui peut barrer un navire mais pour tracer le cap il faut un leader. Le navigateur a une vision de sa destination, il comprend ce que cela exigera et il sait de qui il a besoin pour y arriver. Le navigateur sait que d'autres personnes dépendent de lui et de sa capacité à tracer un chemin. Le navigateur écoute ce que les autres ont à lui dire. Ce n'est pas la dimension du projet qui détermine son acceptation, son soutien et sa réussite, c'est la dimension du leader.

5. La loi d'E. F. Hutton

Quand le véritable leader parle, les gens écoutent, c'est lui qui détient le pouvoir pas seulement le poste. Le leader se développe dans 7 domaines clés : qui il est, qui il connaît, ce qu'il sait, ce qu'il ressent, ce qu'il a vécu, ce qu'il a fait et ce qu'il peut faire. Les véritables leaders savent utiliser le leadership des autres.

6. La loi du terrain ferme

La confiance est le fondement du leadership. Les gens savent quand vous faites des erreurs, inutile de les cacher. Pour développer la confiance, il faut développer ses compétences, travailler ses relations et avoir un bon caractère. Le caractère rend la confiance possible et la confiance rend le leadership possible.

7. La loi du respect

Les gens suivent naturellement des leaders plus forts qu'eux. Si on vous respecte comme personne, on vous admire; si on vous respecte comme ami, on vous aime; si on vous respecte comme leader, on vous suit. Les vrais leaders voient et respectent le leadership des autres. Le respect se gagne en disant la vérité et en investissant du temps de qualité avec les autres.

8. La loi de l'intuition

Les leaders évaluent tout avec un parti pris envers le leadership. Un leader évalue la situation et sait instinctivement quoi faire.
L'intuition se développe avec une multitude d'expériences. L'intuition permet de voir ce qui est possible. Les leaders qui veulent réussir maximisent chaque atout et chaque ressource dont ils disposent au bénéfice de leur organisation. Sans intuition vous risquez d'avoir des œillères, c'est une des pires choses qui puisse arriver à un leader.

9. La loi du magnétisme

Ceux que vous attirez sont conformes à ce que vous êtes. Ce que vous obtenez est déterminé par ce que vous êtes. Si vous pensez que vos collaborateurs peuvent être meilleurs, il est temps pour vous d'être meilleur. Les gens sont attirés par des leaders qui ont des valeurs similaires aux leurs.

10. La loi du contact

Les leaders touchent les cœurs avant de demander un coup de main. La force du contact, c'est de faire en sorte que l'autre se sente heureux d'être avec vous. Pour vous conduire vous-même, utilisez votre tête; pour conduire les autres, utilisez votre cœur. Plus la relation et le contact seront forts, plus les gens vous suivront. Un grand leader qui se tient devant un groupe de 40 personnes voit 40 personnes avec des aspirations, chacune voulant vivre et faire le bien. Le leader a l'obligation de faire le premier pas pour établir le contact et le maintenir.

11. La loi du cercle rapproché

Le potentiel d'un leader est déterminé par ceux qui en sont le plus proche. Si une personne part, cherchez quelqu'un de meilleur pour la remplacer. Le leader atteint sa force au sein d'un groupe et il aide les personnes à trouver la force en eux. Investissez votre temps avec vos meilleurs atouts et déléguez autant que possible. Gardez dans votre cercle ceux qui sont capables d'élever les autres et vous aident à vous améliorer.

12. La loi de la délégation de pouvoir

Seuls les leaders sûrs d'eux-mêmes délèguent leurs pouvoirs aux autres. Pour déléguer il faut croire aux autres. La capacité des gens à réaliser des choses est déterminée par la capacité du leader à déléguer. Si vous ne déléguez pas, vous créez des obstacles à l'intérieur de l'organisation. La délégation du pouvoir permet l'arrivée de changements constants, car elle permet de se développer et d'innover. On acquiert de l'autorité en en donnant aux autres.

13. La loi de la reproduction

Seul un leader peut engendrer un autre leader.85 % des leaders le sont devenus grâce à l'influence d'autres leaders. Pour vous développer, passez du temps avec d'autres leaders meilleurs que vous. Créez un environnement où le leadership sera apprécié en lançant une vision, en offrant des motivations, en encourageant la créativité, en autorisant les risques et en responsabilisant.

14. La loi de l'adhésion

Les gens adhèrent à un leader, ensuite à la vision. Si vous estimez que le messager est crédible, alors vous estimez que le message a de la valeur. Quand les gens n'aiment pas le leader ou la vision, ils cherchent un autre leader. Pour que les gens adhèrent, ils doivent vous comprendre, comprendre vos espoirs et vos rêves. Une vision ne s'impose pas.

15. La loi de la victoire

Les leaders trouvent le moyen de faire gagner leurs équipes. Les grands leaders n'acceptent rien de moins que la victoire. C'est l'entraînement qui permet la victoire, pas juste le talent. Quand la pression monte, les grands leaders sont au meilleur de leur forme, toutes leurs forces remontent à la surface. Il y a trois composantes à la victoire : une vision unifiée, la diversité des talents et un leader dédié à la victoire et à l'optimisation du potentiel de ses joueurs.

16. La loi du Big Mo (ou loi de l'impulsion)

L'impulsion est la meilleure amie du leader. Pour créer l'impulsion, il faut de la préparation et de la motivation. Quand vous avez l'impulsion de votre côté, les ennuis sont de courte durée. Quand il y a de l'impulsion, les gens sont motivés, inspirés et veulent élever leurs niveaux de performance. Pour garder l'impulsion, il faut se concentrer sur ce qui est possible plutôt que sur l'impossible, il faut fêter les succès si petits soient-ils.

17. La loi des priorités

Les leaders comprennent qu'agir n'est pas accomplir. En faire plus ne signifie pas que nous faisons mieux ni que nous réalisons notre mission. Les leaders efficaces organisent leurs vies en fonction de trois questions : qu'est-ce qui est requis, qu'est-ce qui donne le meilleur résultat, qu'est-ce qui suscite la meilleure récompense et vous stimule le plus? Il faut constamment réexaminer et réorganiser les priorités. La réussite arrive à force de concentrer ses collaborateurs sur les choses qui comptent.

18. La loi du sacrifice

Un leader doit être capable de renoncer pour montrer et saisir des occasions. Vous ne pouvez demander de sacrifices si vous n'en faites pas. A mesure que vous montez en leadership, les responsabilités augmentent et les droits diminuent. Plus le niveau de leadership que vous voulez atteindre sera élevé, plus les sacrifices seront grands.

19. La loi du moment choisi

Il est aussi important de choisir le moment que de savoir quoi faire et où aller. La mauvaise action au mauvais moment conduit au désastre. La bonne action au mauvais moment suscite la résistance. La mauvaise action au bon moment est une erreur. La bonne action au bon moment mène au succès.

20. La loi de la croissance explosive

Pour ajouter à la croissance, menez des disciples, pour multiplier la croissance, menez des leaders. Les leaders qui forment des leaders veulent qu'on puisse leur succéder – ils se concentrent sur leurs forces, traitent les leaders comme des personnes à part entière en fonction de leur impact, délèguent le pouvoir, investissent du temps dans les autres, croissent par multiplication et ont un impact sur les gens même sans les connaître.

21. La loi de l'héritage

La marque durable laissée par un leader se mesure à la succession qu'il aura laissée. Le véritable leader crée une culture de leadership. Le véritable leader privilégie le leadership d'équipe au leadership individuel.

MAXWELL, John C., Les 21 lois irréfutables du leadership : suivez-les et les autres vous suivront, Saint-Hubert (Québec), Groupe International d'Édition et de Diffusion, 2002, 227 p.

CHAPITRE 31

LES RÈGLES DU LEADERSHIP...
selon Dan McCarthy

Dan McCarthy, directeur du leadership et du développement du personnel d'une entreprise du Fortune 500, a récemment partagé, dans son blogue, ses 10 règles d'or en matière de leadership.

1. Prenez vos responsabilités à cœur.

Ne prenez jamais votre rôle de dirigeant à la légère, car tout le monde compte sur vous. Vos erreurs peuvent nuire à la vie des employés tout comme aux membres de la communauté. Assumez la responsabilité de vos actions.

2. Développez le potentiel des subordonnés.

Le leader a la responsabilité de développer le plein potentiel de ses employés. Son devoir est d'offrir du travail stimulant à l'employé, c'est ce qui permet à celui-ci de grandir.

3. Créez une équipe AAA.

Vous êtes responsable de créer une équipe de calibre AAA. Votre but est d'embaucher, de garder, et de promouvoir les meilleurs employés. Votre objectif est aussi d'amener tous les membres de votre équipe au niveau AAA. Votre équipe doit travailler fort et son niveau de performance doit rester supérieur aux autres.

4. Soyez stratégique.

C'est votre boulot de vous assurer que vos employés effectuent un travail stratégique. Les buts et les activités de l'équipe doivent être directement liés aux objectifs de l'entreprise. Chaque membre de l'équipe doit aussi viser des buts et des objectifs individuels dans le cadre d'un plan de formation et de développement.

5. Valorisez les réunions.

Il est important de valoriser les réunions d'équipe et les rencontres individuelles. Elles représentent, pour le leader, la meilleure méthode pour démontrer un bon leadership.

6. Soyez un modèle pour les autres.

Votre propre succès doit être aussi important que le succès de l'équipe. Soyez un modèle à suivre pour vos employés.

7. Utilisez une approche positive.

Soyez positif lorsque vous parlez de l'entreprise, des employés, des produits et des services, des clients, de vos buts et des départements. La critique constructive est toujours préférable. N'émettez jamais de commentaires cyniques ou sarcastiques.

8. Soutenez l'équipe.

Soyez solidaire de votre équipe, malgré les débats et les défis à surmonter. Vous pouvez être d'accord ou non sur certaines prises de décisions, mais il reste que vous faites partie de l'équipe et devez la soutenir.

9. Traitez vos employés comme des adultes.

Vos employés sont des adultes responsables et intelligents et ils devraient être traités ainsi. Respectez-les et n'abusez pas de votre titre de dirigeant. Ne vous mêlez pas à toutes les décisions et ne dites surtout pas à vos employés comment faire leur travail.

10. Écoutez !

Combattez votre instinct naturel d'évaluer et de réagir impulsivement à une situation. Écoutez et posez davantage de questions. Vous pourrez ensuite mieux juger une situation et réagir en conséquence.

CHAPITRE 32

LES TREIZE (13) RÈGLES DU LEADERSHIP

C'est Colin Powell, l'ancien Secrétaire d'Etat américain et ancien patron des GI's du temps de la guerre du Golfe. Les voici, adaptées aux temps des medias sociaux qui sont devenus un vrai grand vecteur de leadership.

Ce sont des règles de leadership et, vous le verrez, toutes ont quelque chose à voir avec l'histoire que l'on raconte, notre storytelling. Appliquez-les, même si elles vous semblent parfois un peu trop américaines. Et alors, votre storytelling sera vraiment labellisé leadership.

Règle n° 1 : Ce n'est aussi catastrophique que vous le pensez. Cela aura une toute autre allure demain.
Réagir vite pour éviter la virilité est aussi risquer de mal réagir et

donc de faire empirer les choses. Cette première règle consiste donc

à accorder du temps à un travail d'évaluation de la situation avant d'agir-réagir, car cette situation, finalement, pourrait ne pas être aussi catastrophique qu'elle en a l'air. Et l'histoire que vous racontez n'en sera que plus cohérente.

Règle n° 2 : Devenez fou et ensuite, surmontez cela.
Bien-sûr, on a envie de mettre toute notre émotion dans nos réactions, surtout sur les medias sociaux. Il faut garder un certain équilibre. D'autant qu'en général, une publication négative a une durée de vie très limitée. La colère et l'émotion excessives ne peuvent que prolonger bien plus longtemps que nécessaire des débats sans grand intérêt. Donc, soyez fou (en gardant cette folie privée) et ensuite, agissez pour transformer cette situation négative en situation neutre ou positive.

Règle n°3 : Evitez de laisser votre ego si proche de votre position actuelle que, lorsque vous perdez votre position, vous perdiez aussi votre ego.
Il s'agit là de savoir se réinventer. Et pour cela : être ouvert aux idées des autres, être flexible et suffisamment ouvert pour intégrer ces idées dans ce que vous faites, avoir un vrai

désir d'avoir constamment un avantage compétitif.

Règle n°4 : On peut le faire.

Bon, c'est juste qu'il faut montrer le volet positif du changement, lorsqu'on est un leader en charge de piloter une démarche de changement. C'est à dire : répondre positivement à la question de ses équipes sur le "pourquoi" du changement et "quel est l'effet sur moi ?"

Règle n°5 : Ne vous trompez pas de personne.
Amis, alliés ou ennemis : choisissez bien les bonnes personnes pour occuper chacun de ces rôles.
Les questions clés sont : qui, pourquoi et comment vous interagissez avec eux. N'engagez pas de relations avec des personnes ou des organisations sans vous être posé la question : qui influencent-ils, comment et pourquoi ? Le pourquoi étant sans doute la question la plus importante.

Règle n°6 : Ne laissez pas des faits se mettre en travers d'une bonne décision.

Règle n°7 : Vous ne pouvez pas prendre des décisions à la place des autres. Ne laissez pas les autres en prendre à votre place.

Assurez-vous bien de prendre en compte trois choses : comprendre l'enjeu clé du défi que vous gérez, étudiez les différentes options possibles sous tous les angles et perspectives, posez plein de questions (vous comprendrez d'autant mieux les options).

Règle n°8 : Contrôlez les détails.

Règle n°9 : Partagez les honneurs.
Avec ceux qui le méritent...

Règle n°10 : Restez calme.
Cela vous évitera de dire des choses que vous pourriez regretter ensuite. C'est un peu contradictoire avec une règle évoquée plus haut Hé, qui a dit que le leadership, c'était quelque chose de simple !

Règle n°11 : Avoir une vision.

Règle n°12 : Ne demandez pas conseil à vos peurs ou à vos détracteurs.
Règle n°13 : L'optimisme permanent multiplie vos forces.
Car l'enthousiasme est contagieux.

CHAPITRE 33

LES CINQ (5) BONNES ATTITUDES D'UN GRAND LEADER

1. Soyez généreux

La loi de la communication c'est la loi de l'échange. Dans cet échange, il s'agit donc de vous intéressez aux autres, si vous souhaitez que les autres s'intéressent à vous.

Soyez généreux, donnez et vous recevrez en retour.

2. Respectez les autres et vous serez respecté en retour. C'est le principe de la réciprocité.

Vos comportements bienveillants auront un impact sur vous. Trouvez toutes les occasions d'augmenter l'estime de soi d'une autre personne. Votre allocutaire se sentira valorisé et votre propre confiance en vous en sera accrue.

N'oubliez pas que l'estime de soi, le fait de se sentir respecté, est un besoin fondamental de l'Homme, décrit d'ailleurs dans la pyramide des besoins de Maslow.

Tirez parti de chaque occasion pour exprimer de la gentillesse, montrez aux autres qu'ils sont importants, qu'ils ont de la valeur. Vous serez récompensé en retour.

Adoptez une attitude positive dans vos relations avec les autres, c'est aussi être prompt à l'écoute.

3. Écoutez votre interlocuteur

Dans une conversation, soyez concentré. Écoutez votre interlocuteur avec attention, en évitant de penser à la réponse que vous allez donner.

C'est difficile pour tout le monde. Nous brûlons tous d'envie de donner notre opinion sur le champ. Mais écouter attentivement, c'est tenté de bien comprendre, entendre ce que dit son partenaire.

En se sentant écouté votre interlocuteur se sentira valorisé. Laissez-lui de la place, donnez-lui de l'importance, laissez-le s'exprimer. Ne le jugez pas. Ayez une attitude de bienveillance pour qu'il se sente à l'aise à exprimer ses propres pensées.

Cela s'applique dans les deux domaines qui régissent votre vie, la vie professionnelle et la vie personnelle.

Dans le domaine de la vente par exemple, si vous écoutez attentivement les besoins de votre client et que vous y répondez efficacement, votre client n'en sera plus que content.

Si vous montez un projet avec une ou plusieurs personnes, être à l'écoute de l'autre permet d'avoir toutes les informations nécessaires sur leurs besoins pour qu'il y ait concordance entre les différentes parties de l'équipe et réussir à atteindre les objectifs.

Dans une vie de couple, comprendre l'autre c'est avant tout

l'écouter, écouter ce qu'il a à dire, écouter ses besoins. L'écouter c'est lui éprouver du respect et une façon de lui faire comprendre qu'il est important pour vous. Votre conjoint vous le rendra en ayant à son tour la même attitude d'ouverture envers vous.

4. Soyez ouvert

Certaines personnes ne sont pas très ouvertes aux autres et ne souhaitent pas nouer des relations avec des personnes qui ne leur ressemblent pas. C'est dommage car cela coupe des richesses de la diversité humaine.

Faites des efforts pour aller à la rencontre des autres. Au travail, apprenez à connaître vos collègues, converser avec eux, joignez-vous aux plaisanteries. Bref, multipliez les échanges.

Dès que l'occasion se présente, aidez les autres le plus que possible, en étant tout simplement attentif à leurs problèmes, en étant utile pour un dossier, en étant utile en général. Vous récolterez les bénéfices à court ou à moyen terme.

Utilisez le sourire à profusion car c'est un excellent brise-glace. Au travail, cela montre que vous êtes quelqu'un d'accessible, non hostile et on aura envie de vous fréquenter. De plus, cela détend l'atmosphère.

5. En cas de conflits

Malheureusement dans toutes relations les conflits sont inévitables.

Au bureau il suffit d'avoir une divergence de point de vue sur un dossier avec nos collègues.

Avec nos amis, nos conjoints, il peut arriver qu'il y ait quelques tensions.

Là encore l'écoute attentive est importante. Essayez de vous mettre à la place de l'autre. Cela vous permettra de comprendre ce qui a froissé l'autre et vous permettra de vous expliquer.

Ne soyez pas sur la défensive. Recherchez ce qui est vrai dans ce que l'autre dit, ce qui peut être un renseignement précieux pour donner matière à vos réponses.

Il m'arrive encore d'être sur la défensive et de vouloir à tout prix gagner. Mais c'est plus rare qu'avant et je vous assure que depuis que je suis dans l'écoute et non plus centrée sur ma petite personne, mes relations avec les autres sont devenues plus saines, plus apaisées.

Pour désamorcer les conflits, le mieux est de s'efforcer de trouver des solutions qui répondent aux besoins de chacun.

Parfois, il est difficile de poursuivre une discussion si tous les protagonistes s'emportent. Il peut s'avérer nécessaire à ce moment de faire une pause pour calmer les esprits.

Si vos partenaires sont dans une logique de construction communicationnelle, n'hésitez pas à revenir sur la discussion.

Cultivez l'art d'écouter, entendre, dire et parfois ne pas dire.

On ne peut pas être un bon communicateur tout le temps, mais si vous appliquez bon nombre de ces principes, vos relations humaines s'en verront grandement améliorées.

CHAPITRE 34

LES DIX (10) RÈGLES D'OR DES LEADERS ET DES ÉQUIPES

Que vous soyez cadre, dirigeant, ambitionnant un poste ou entrepreneur, voici les règles psychologiques de base à suivre pour avancer avec le bon positionnement.

Soyez stable et constant dans vos attitudes : Autant que possible, sachez vous montrer stable dans la manifestation de vos émotions, de votre attitude et de votre comportement de tous les jours. Car de manière invariable, on se fie beaucoup plus à ceux qui ont une attitude repérée comme constante et stable envers tout le monde qu'à ceux qui ont des sautes d'humeur, et des changements de comportement d'un instant à l'autre. Même si c'est votre caractère la versatilité, sachez mettre en avant une continuité dans votre relation professionnelle de tous les jours.

1. Ne promettez pas plus que ce que vous êtes sûr d'obtenir. Restez humble dans vos promesses (mais pas dans vos objectifs !), même si vous êtes quasiment certain de la réussite de vos projets professionnels ou de l'atteinte de vos objectifs, dites-en le minimum. Par contre, en votre for intérieur, soyez sûr que vous les atteindrez ces objectifs et ambitions, mais n'en faites pas part à tout le monde avant que quoi que ce soit ait été signé, validé ou approuvé de manière officielle. Il vaut mieux donner l'impression que vous faites toujours plus que ce que vous promettez que le contraire. Car, dans l'image que vous véhiculerez, quelqu'un qui fait exactement ce qu'il dit est une valeur sûre, tout comme celui qui n'arrive pas à tenir ses engagements laisse paraître qu'il est peu fiable.2. Ne soyez pas en attente de toutes les promesses faites par votre hiérarchie.

2. Ne soyez pas en attente de toutes les promesses faites par votre hiérarchie Souvent pour vous appâter, vous aider à atteindre vos objectifs ou vous amener là où ils le veulent, votre hiérarchie vous promet de meilleures conditions de travail, une promotion, une augmentation de salaire. Ils vous disent que c'est pratiquement validé. Vous y croyez. Puis ils glissent que pour y arriver vous devez montrer que vous êtes bon, responsable, constant dans la performance. Pourtant vous l'êtes. C'est une manière de vous soumettre à un plus grand investissement. Ils vous donnent un but, et en même temps ils vous y coincent puisqu'ils sont les seuls détenteurs du pouvoir décisionnel de leur promesse et de l'appréciation que le but est atteint. Pour éviter d'espérer sans cesse, et d'être complétement soumis à la demande, donnez à entendre que vous connaissez votre valeur et que vous avez d'autres propositions ailleurs. Tout en disant que vous êtes passionné. Car si vous donnez à voir que cette technique, car c'est une technique, marche avec vous, vous leur aurez donné les clefs pour vous faire avancer d'une manière bien contraignante pour vous.

3. Soyez indépendant dans votre fonction le plus possible.
Bien sûr on dépend des autres services, des autres secteurs, de nos binômes, de notre équipe, mais votre tâche à vous, ce pourquoi vous avez été embauché et formé, soyez-en clairement assuré afin d'être le plus possible en terrain connu. Vous devez agrandir votre savoir et être polyvalent au maximum, pour ne pas avoir besoin des autres dans le processus même de votre job. Je m'explique. Vous êtes webmarketing. Vous créez des sites pour des entreprises à but financier. Une entreprise de textile croate vous contacte

pour développer son versant international.

Vous devez chercher par vous-même ce qui fait la particularité de la culture croate, du textile, et de leurs atouts afin de les représenter au mieux sur le web sans avoir besoin que quelqu'un fasse ce travail pour vous. Car plus vous aurez un savoir précis sur vos clients (leur culture, leur regard sur le monde etc.) plus vous irez au plus près de leurs attentes et de votre but. Tandis que si vous demandez à votre assistante de rédiger pour vous un rapport sur leurs activités, le textile en Croatie ou autre, vous aurez un rapport filtré à travers son regard. Rien de bien précis.

4. Prenez conscience de l'importance de la communication. Tout est toujours question de communication. Conflit, quiproquo, mauvaise négociation, mauvaise relation… tout trouve sa solution dans une communication comprise et utilisée à bon escient. Il ne s'agit pas d'être faux, mais d'être au clair avec quoi dire et comment. Vous devez prendre l'habitude de communiquer et non de parler. L'art d'induire, l'art de convaincre, l'art de la collaboration sont tous issus d'une bonne communication.

5. Soyez transparent pour tout le factuel
Ne donnez jamais l'impression d'être cachottier, ou de garder

des informations communes pour vous, car vous induiriez chez l'autre un comportement soupçonneux. Et surtout, en position de leader sachez rendre compte des tenants et aboutissants des buts liés à l'entreprise. Votre entreprise a une fondation à but humanitaire ? Tenez au courant de vos réussites le secteur des commerciaux tout comme celui du secrétariat. Plus vous véhiculerez une unité dans vos secteurs plus vous unirez vos équipes dans un lien efficient. Cette règle va aussi de soi pour les teams.

Vous ne devez pas de compte-rendu sur vos activités à vous, mais sachez, de manière factuelle, rendre des comptes à vos hiérarchies quand elles vous en font la demande. Chiffres, dates, clients, oui. Mais la nature des rendez-vous, ou votre avis sur ces clients ainsi que vos techniques managériales et de marketing sont votre bagage personnel à vous et n'entrent pas dans la case de ce qui doit être dit.

6. Dirigeant, soyez l'exemple de ce que vous demandez

Vous êtes chef et demandez de la transparence ? Sachez démontrer que vous suivez votre précepte en étant vous aussi transparent, mais de manière adaptée à votre position. Vous êtes général manager et vous demandez un rendement passant par plus de protocole ? Sachez faire de même. Car tout ce que vous exigerez mais dont vous ne vous ferez pas, de votre place, l'instigateur vous fera passer pour un dirigeant despotique et vos demandes seront mal comprises. De la transparence exigée passera pour une forme de surveillance accrue et donc un manque de confiance, et un rendement plus grand passera pour un manque de prise en compte de leurs conditions de travail. Mettez-vous, au moins pour les débuts, dans le même bateau afin qu'on en comprenne l'utilité.

7. Teams, raisonnez d'abord en tant qu'individus, et après en tant que groupe.

Le raisonnement en groupe inhibe les capacités individuelles de chacun, car il est plus simple de suivre que de créer le mouvement. Pourtant lorsque l'on raisonne chacun en tant qu'individu avec son angle de vue et sa propre vision, on entre alors dans une phase de collaboration et non dans un simple raisonnement en groupe, où chacun s'inhibe. Soyez toujours votre propre pilier, et dites-vous toujours que votre avis se construit, puis seulement par après se confronte à la vision du groupe.

8. Une valorisation franche et factuelle

Leader ou team, valorisez vos collaborateurs mais uniquement sur les faits. Pourquoi valoriser ? Parce que cela permet de faire émerger des potentiels et parce que vous devez être quelqu'un capable de voir les bonnes productions des autres.

Mais valoriser sur le versant subjectif est toujours un risque : impression de fayottage, positionnement vécu comme de la séduction, les interlocuteurs que vous valorisez prendront toujours vos remarques à travers le statut qui est le vôtre, tout comme vous le faites vous-même. Lorsque votre collègue avec qui vous n'avez pas particulièrement de relation vous dit que vous travaillez bien, vous allez vous étonner qu'elle porte un avis sur votre fonction ou vous en serez heureux.

Si votre boss vous dit que vous travaillez bien, vous en serez certainement heureux et vous le vivrez en droit de donner son avis. Vous jugez en fonction de votre lien.

Pour éviter donc ces écueils, complimentez toujours uniquement sur les faits et avec précision : « Tu travailles avec rigueur ; Le dossier de ce matin tu l'as très bien analysé ; vos remarques sur les situations de crise et la gestion qui en découle étaient pertinentes, ça m'a parlé ! ».

9.Ayez des stratégies pour dompter vos pensées anxiogènes

Nous avons tous des moments où l'angoisse nous submerge : avant un meeting, après un conflit, dans la gestion d'une crise… et c'est dans ces moments-là qu'on s'imagine malgré soi les pires issues. S'ensuit la perte de confiance en son propre pas. Pour éviter d'en arriver là, dès que le processus d'angoisse se met en place, arrêtez- vous (même si vous devez vous réfugier aux toilettes pour cela) et imaginez en positif la suite de cette situation génératrice de stress.

10. Visualisez toute la suite : le chemin que vous allez effectuer jusqu'à votre bureau avant de rencontrer vos collaborateurs, votre poignée de main énergique quand vous allez tendre la main à celui avec qui le conflit est en train d'émerger. Bref, visualisez uniquement l'issue positive de votre dilemme. Faites cela autant de fois par jour que vos angoisses reviennent.

Réfléchir son positionnement est un outil qui favorise la réussite professionnelle, car comme toute prise de conscience, l'on devient maître de ses choix, et acteur de ce que l'on souhaite créer.

CHAPITRE 35

13 RÈGLES PROFESSIONNELLES DE L'ÉVOLUTION NUMÉRIQUE.

- **Julien Lucas Solo preneur, blogueur, designer, bizcampus.co**

VIE DE BUREAU: Le monde est devenu incertain, le monde du travail change, ses règles aussi, et beaucoup de gens ne savent plus comment gérer leur vie professionnelle. Nous voulons expliquer un peu ces nouvelles règles. Nous vivons une révolution numérique, le pouvoir est désormais accessible aux individus. Nous allons vers un monde du travail plus passionnant, plus palpitant, plus humain. Enfin, pour ceux qui voudront se donner la peine d'arriver là, ils doivent apprendre à vivre selon d'autres règles.

1. On est plus que jamais responsable de sa propre vie
Personne ne viendra vous sauver. Votre entreprise ne s'occupera pas de votre carrière. Votre succès en business

reposera sur votre capacité à créer des connections. Ne comptez sur personne d'autre.

2. Le travail s'organise en suite de projets.

Oubliez la promotion, c'est une pratique du siècle dernier. Aujourd'hui, certains à peine sortis de l'école ont déjà changé dix fois de job en 3-4 ans. Vous aurez plusieurs jobs durant votre carrière. Vous devriez réfléchir à quelle combinaison de compétences, créations, réalisations vous voulez dans votre « portfolio » dans dix ans à travers les différents jobs et projets que vous allez expérimenter.

Les possibilités ne manquent pas, vous pouvez être employé, contractuel, freelance, propriétaire de business, fondateur de startup, entrepreneur social, producteur indépendant, travailler dans une organisation à but non-lucratif, voire simplement être une personnalité d'internet avec votre chaîne You Tube.

3. Le monde du travail devient taillé pour les preneurs de risques.

La sécurité de l'emploi est morte, il y aura des circonstances qui vous obligeront à changer de job plusieurs fois. La nouvelle sécurité elle est dans votre réseau, dans vos compétences, dans la diversification de vos sources de revenus, elle est dans les nouveaux outils web que vous utilisez.

Et échouer ne signifie plus que vous êtes mort. Aujourd'hui vous pouvez lancer une entreprise sur internet avec un financement minime. Avec le digital, l'impossible devient possible. Surfez sur la peur.

4. Nous sommes dans l'ère des projets « à côté »

Un projet à côté si vous êtes salarié est une formidable manière de tester et essayer de nouvelles idées de business. Cela peut-être aussi un plan de secours au cas où vous perdriez votre emploi.

Ces projets à côté ne s'appliquent pas uniquement aux salariés, ils peuvent aussi être un bon plan de secours pour les propriétaires de business quand le marché bouge ou que les ventes sont faibles. Je pensais réussir avec la vente de produit sur mon blog, j'ai peu réussi, alors j'ai lancé ma carrière designer freelance, et ça me réussi plus. Ce projet court terme me permet de financer mon projet long terme.

5. L'éducation continue (formation(devient indispensable

Les industries changent vite, et le moment avant de devenir obsolète peut lui aussi vite arriver si vous ne vous formez pas.

L'éducation ne s'arrête définitivement pas après l'école. L'école n'est pas en mesure de vous former pour le restant de votre vie. Nous devenons responsable de notre propre éducation.

6. Prenez le job pour les compétences à gagner plus que pour l'argent

On a des familles à nourrir; on a besoin d'argent pour subvenir aux besoins. Cependant les salaires augmentent très peu.

Si vous avez la capacité à différer la gratification instantanée, à supporter la frustration, prenez en priorité un job qui va vous permettre de développer vos compétences. Cela fera une différence dans votre vie d'une manière que le salaire et votre titre ne le peut pas, car le développement de compétences peut fondamentalement changer comment vous opérer et ce que vous avez à offrir.

7. Les employeurs commencent à moins regarder les diplômes:

Les employeurs regardent ce que vous avez fait, avec qui vous avez travaillé, ils regardent votre capacité à résoudre des problèmes, à trouver de nouvelles manières de faire, votre habileté à vivre dans un monde dynamique.

Si vous êtes sans diplôme, et pouvez partager votre savoir spécifique, alors vous démontrez votre valeur aux autres. La créativité devient la nouvelle alphabétisation.

8. Beaucoup d'emplois ordinaires sont condamnés à disparaître dans la prochaine décennie. Avec l'ordinateur, certains jobs vont être totalement remplacés, pas seulement dans le secteur de l'industrie, même les employés de bureau sont en danger et pourraient être remplacés par des robots, par l'intelligence artificielle ou l'automatisation.

Faites la fourmi plus que la cigale, prévoyez l'avenir,

développez vos talents et compétences à forte valeur ajoutée aujourd'hui.

9. Le nouveau rêve est d'avoir du temps.

Le rêve n'est plus tant de pouvoir se payer une maison, cela devient de moins en moins possible vu l'incertitude professionnelle, le nouveau rêve est d'avoir du temps. Nous ne ferons pas mieux que nos parents, du moins financièrement.

Le rêve que poursuit la nouvelle génération c'est la mobilité, la flexibilité de faire son propre travail et l'habileté de construire une carrière qui soit l'expression de qui vous êtes en tant que personne. La nouvelle génération rêve d'entrepreneuriat.

10. Définissez ce qu'est le succès pour vous.

Chacun va devenir responsable de son propre succès. Il n'y aura plus de rails à suivre ou d'échelle de carrière pour garantir une trajectoire de carrière. Le travailleur de demain devra être plus malin que ses prédécesseurs.

C'est déjà le cas, des gens de la génération d'aujourd'hui prennent des risques que l'ancienne génération n'aurait pas même imaginer.

Définissez le succès suivant vos racines, vos valeurs, vos forces, comment vous gérez la peur et le doute, votre mode de travail, votre vie créative, la qualité de votre vie, vos relations et collaborations, et votre bien être physique et émotionnel.

11. L'avenir du monde du travail appartient aux indépendants.

Certaines s'adressent aux développeurs, d'autres pour ceux qui veulent travailler avec les grandes entreprises ou les agences. Il existe des agences de freelance dont le job est de vous trouver du travail.

12. Votre succès en business dépend de vos connections.

Personne ne réussi seul, pour réussir en business, tout est dans l'art de créer des connections.

13. Pour avoir le job racontez une bonne histoire. Et votre histoire est largement racontée par Google. Aimez-le ou non, Google raconte une histoire à propos de vous. Les employeurs choisiront quelqu'un qui raconte une bonne histoire, et ils commenceront par aller voir sur Google (une bonne raison pour avoir votre présence web).

C'est difficile de contrôler sa propre histoire. Pourtant les emplois sont gagnés et le business se fait basé sur la force de l'histoire racontée sur Google.

Qu'avez-vous fait? Qui sont vos connections? Qui est connecté à vous et votre message? En quoi croyez-vous? Quel est le fil conducteur entre vos jobs? Vous devez emballer, illustrer et façonner ça en histoires.

CHAPITRE 36

LES CINQ (5) PRINCIPES DE LEADERSHIP POUR RÉUSSIR

Nous avons tous un besoin vital de projets réussis. Mais que signifie exactement un projet réussi ? Le succès du projet est-il la livraison réussie, dans les temps et dans le budget ? Ou est-ce que c'est le chemin emprunté pour réussir ? Les résultats importent-ils toujours le plus ? Qu'est-ce d'autre que le projet réussi ? Et qu'est-ce que cela demande d'atteindre le succès sur le projet ? Le succès tombe-t-il du ciel ? Est-il limité à quelques chanceux qui se trouvent au bon endroit juste au bon moment ? Est-ce une coïncidence ? Ou pouvons-nous en réalité planifier le succès ?

Il n'y a aucun doute que le bon management de projet est un facteur critique de succès. C'est-à-dire un projet ne peut pas être exécuté sans management de projet, que ce soit formel ou informel. Vous devez avoir quelque chose qui assure la cohésion. Sous-jacente est la supposition que nous avons besoin d'une certaine forme d'ordre pour organiser et exécuter un projet. Quelqu'un doit faire ce quelque chose. En ce sens, le management de projet aide à poser un cadre, fournissant la structure et direction au chaos potentiel. Sans cette structure, un projet ne mène ne nulle part; il échouera très probablement, s'il parvient jamais à décoller.

Si vous voulez produire des résultats de ce chaos apparent, vous devez mettre en place la structure qui permet la créativité, l'innovation et les résultats. Le management de projet fournit d'excellents outils pour bâtir cette structure. Ils sont importants et nécessaires au succès de projet. Mais sont-ils suffisants ? Je ne le pense pas. En fait, je revendique qu'à moins que vous ne les ajustiez dans la bonne direction, ils restent inefficaces. Si vous voulez vraiment sécuriser le succès de votre projet, vous devez comprendre ce qu'il faut faire pour donner la bonne direction. Le management de projet seul n'y parviendra pas. Cela demande du leadership – votre leadership.

Sans leadership de projet, il n'y a aucune direction dans le management de projet. Le leadership est le facteur décisif pour améliorer les chances de réussite des projets. Par conséquent, le management de projet efficace doit se baser sur de solides fondations en leadership de projet. Sans leadership, il y a de grandes chances que ce projet ne soit "qu'un autre projet."

Basé sur ma propre expérience dans le management de projet et l'examen de littérature sur le leadership, le management de projet, le business, les systèmes et la théorie de la complexité, j'ai identifié cinq simples mais puissants principes de leadership qui, si appliqués systématiquement, peuvent vous à mener votre projet au succès. Les cinq principes de leadership pour le succès du projet sont :

1. Construire la vision
2. Nourrir la collaboration
3. Promouvoir la performance
4. Cultiver l'apprentissage
5. S'assurer des résultats

Prenons chaque principe un par un.

Principe 1 : Construire la vision :

Construire la vision veut dire avoir la même compréhension du suivi du progrès vers cette vision est facteur clef dans le succès d'un projet et d'une équipe.

Une vision de projet donne l'image complète de votre projet. Les objectifs du projet qualifient cette vision, la rendent spécifique. Tant la vision que les objectifs de projet sont cruciaux pour le succès de projet. Ensemble ils définissent la direction et donnent le ton de votre « voyage projet ». Ils se complémentent l'un l'autre. La vision inspire votre voyage.

Elle définit le but de votre projet.

La clé à la construction de la vision est que les gens doivent pouvoir toucher du doigt la vision dans leurs activités quotidiennes. Donnez-leur la chance de s'identifier avec la vision. Impliquez-les dans la construction de cette vision et de participer à en faire une réalité. Cela aide à construire le relationnel et la nécessaire adhésion de ces personnes à réaliser le projet. Faites-en des fans de la vision. Laissez-la constituer leur motivation et leur passion. Laissez-les en délirer.

L'histoire d'un visiteur qui était curieux d'un chantier en construction illustre la puissance d'une vision commune du projet.

Ce visiteur s'est approché d'un groupe d'ouvriers pour en découvrir davantage sur la construction. Le premier ouvrier a répondu qu'il posait des briques. Le deuxième ouvrier lui a dit qu'il construisait un mur. Alors il a posé la question à un troisième ouvrier. Celui-ci a expliqué que lui et les autres personnes dans son équipe construisaient une cathédrale. La chose intéressante était que chaque ouvrier faisait en réalité la même activité. Pourtant les motivations et attitudes différaient beaucoup. Le troisième ouvrier savait qu'il consacrait son temps et ses efforts à quelque chose de grand. Son projet pouvait consister à construire un mur. Mais c'était la vision du projet de construire une cathédrale qui l'avait séduit.

Une vision de projet sans objectifs peut vous donner une idée de la direction, mais vous ne pourriez jamais approcher de la destination sans produire des résultats tangibles à un certain moment. D'autre part, des objectifs de projet sans une vision peuvent décrire le résultat final désiré et les délais, mais ils ne peuvent pas inspirer l'enthousiasme nécessaire dans votre équipe pour mener le projet au succès. Ils ne fournissent pas de signification au travail.

En tant que leader de projet vous devez vous assurer qu'aussi bien la vision que les objectifs de projet sont en place. Les leaders de projet ne commencent pas de projet sans une vision de projet et des objectifs. Si vous voulez être ou devenir un leader de projet, vous construire la vision et les objectifs de projet ou vous assurer qu'ils sont en place, limpides, qu'ils sont compris par chaque personne activement impliquée dans le projet. C'est là la signification du premier principe de leadership. Commencez avec une vision unifiée et sachez où vous en étiez avant et où vous en êtes pendant votre projet. Connaissez votre environnement, connaissez votre potentiel et identifiez vos limites et surmontez-les. Construisez et impliquez votre équipe et nourrissez une collaboration effective à tous les niveaux. Cela nous amène au deuxième principe de leadership : nourrir la collaboration.

Principe 2 : Nourrir la collaboration : Une équipe performante amène des effets de synergie; l'impossible devient possible. C'est pourquoi la collaboration active d'équipe est cruciale.

Le succès de projet n'est pas la somme d'accomplissements individuels. L'équipe de projet livre le projet. Comme tel, l'équipe est le corps et l'âme du projet. En corollaire, le succès de projet est, ou devrait toujours être, le succès de l'équipe. Les leaders efficaces de projet comprennent la valeur et l'énorme potentiel de la collaboration. C'est pourquoi ils favorisent activement la collaboration. Ils servent de modèles à émuler et font partie de l'équipe. Ils participent et contribuent ainsi activement à la collaboration. La collaboration est nécessaire pour que l'équipe atteigne la vision et les objectifs du projet. De la même manière, la vision de projet doit inclure le concept de collaboration; il doit faire partie de la vision tout autant que les objectifs de projet. La collaboration est le moyen de réaliser les objectifs et d'approcher de la réalisation de la vision.

C'est un élément central de chaque projet. C'est pourquoi la vision et la collaboration vont main dans la main. Vous ne pouvez pas vous atteindre des résultats de projet sans collaboration. D'autre part, la collaboration sans cause commune ne mène nulle part.

La collaboration est l'oxygène du travail d'équipe; elle est ce qui rend le travail d'équipe possible en premier lieu. Elle englobe la communication, l'exécution individuelle et en commun, la livraison de résultats tant au équipe qu'individuel.

Si vous voulez augmenter la collaboration vous devez commencer par vous-même. Soyez un modèle à copier pour les autres : Partagez les informations ouvertement. Donnez et acceptez tout retour d'information ouvert et constructif. Soyez un bon joueur d'équipe et travaillez avec votre équipe.

Comprenez que le projet c'est l'équipe. Le leadership de projet devient le leadership d'équipe. Cela implique que si vous voulez être un leader efficace de projet vous devez aussi être un bon joueur d'équipe.

Accroître la collaboration peut être difficile de temps en temps. Cela demande beaucoup d'efforts et peut être consommateur de temps.

Les récompenses, cependant, sont à la mesure de chaque minute investie. Avoir mutuellement compris et supporté les règles d'engagement, caractérisées par la communication ouverte et la collaboration efficace, rend la vie de projet beaucoup plus facile.

Une fois que vous avez créé une atmosphère de confiance, d'esprit d'équipe et de plaisir, les effets de la synergie d'équipe apparaissent.

Des choses magiques peuvent se produire, la productivité augmente et la qualité des livrables de l'équipe s'élève. La collaboration prépare le terrain pour la performance au niveau individuel et au niveau de l'équipe. En tant que leader de projet vous voulez cultiver ce terroir de performance. Cela nous amène au troisième principe de leadership : promouvoir la performance.

Principe 3 : Promouvoir la performance

Planifier est bon et important. Au bout du compte, vous et votre équipe devez produire. Comme vous êtes le leader, c'est votre responsabilité de créer un environnement qui promeut la performance, tant au niveau de l'équipe qu'au niveau individuel.

Construire la vision et accroître la collaboration sont des prérequis au succès de projet. Hélas, ils sont inutiles si vous ne pouvez pas déplacer votre équipe vers la performance. C'est pourquoi vous voulez créer un environnement qui promeut la performance.

Les règles suivantes aident à le réaliser.

La règle 1 : Soyez un modèle à émuler. Peu importe sur quel projet vous travaillez, soyez conscients que vous êtes un modèle à émuler pour votre propre équipe et autres. Agissez comme tel. Alignez vos actes et vos propos et soyez honnête avec vos propres principes. Démontrez un authentique leadership.

La règle 2 : Créez le bon environnement. Si vous voulez promouvoir la performance dans votre équipe, prenez le temps de découvrir ce qui motive chaque membre individuel de l'équipe et l'équipe dans son ensemble. Découvrez ce que les membres individuels de l'équipe et l'équipe au complet doivent réaliser.
Apprenez comment vous pouvez aider l'équipe à être performante.

La règle 3 : Donnez du pouvoir à votre équipe. Vous devez permettre à votre équipe de faire son travail et d'être performante. Donnez le pouvoir à votre équipe et toutes les informations dont elle a besoin pour faire son travail et être performante. Donnez à votre équipe l'occasion d'exceller et d'avoir un apport actif dans le succès du projet.

La règle 4 : Développez une attitude orientée solution-et-résultats envers des problèmes et des risques. Les équipes performantes se concentrent sur les solutions et les résultats plutôt que les problèmes. On ne voit pas le problème ou le risque comme un arrêt potentiel du projet, mais comme une chance d'apprendre et de prouver ses compétences au niveau du groupe et de l'individu.

La règle 5 : Invitez une compétition productive. La compétition productive peut en réalité aider à promouvoir la performance – à condition que la compétition vise à améliorer la performance de l'équipe et soit liée à la collaboration et au partage social.

La règle 6 : Laissez-le arriver. Quand vous et votre équipe avez conjointement construit une vision commune et avez développé des règles de collaboration, il ne devrait y avoir aucun besoin de micro-manager des membres de l'équipe. Ayez foi en votre équipe et laissez-la faire son travail.

La règle 7 : Célébrez la performance "Cherchez les comportements qui reflètent l'objectif et les valeurs, le développement de compétence et de travail d'équipe et récompensez, récompensez, récompensez ces comportements" Blanchard, K. H. (2001). High

Five! The Magic of Working Together. New York : Harper Collins p. 190.

Assurez-vous que cette célébration coïncide avec la livraison réussie du projet.

La performance durable peut être atteinte. Cela demande pratique, formation, endurance et une orientation résultats envers les défis du projet pour la développer et la supporter. Pourtant, la performance et le succès de projet ne tombent pas du ciel. Vous devez vous préparer et travailler sur eux, en apprenant des erreurs et des échecs. Il ne peut pas y avoir de performance sans formation ou apprentissage. Cela nous mène au quatrième principe de leadership): cultiver l'apprentissage.

Principe 4 : Cultiver l'apprentissage

En tant qu'humains nous faisons tous des erreurs. Les leaders efficaces encouragent leurs équipes à explorer de nouvelles avenues et à faire des erreurs et apprendre d'elles. Un leader efficace intègre un temps suffisant pour que l'équipe apprenne, crée et innove.

En tant que le leader de projet, vous servez de partenaire et d'entraîneur pour étudier et partager l'information. Vous facilitez l'apprentissage. Vous n'êtes pas la source unique d'informations. Au lieu de cela, vous créez un environnement apprenant pour votre équipe. Exposez l'attente que vous avez de chacun dans votre équipe qu'il vous rejoigne et vous supporte dans la culture de l'apprentissage pour le but du projet.

Apprendre n'est pas une activité ponctuelle, disons, sous forme de formation professionnelle préalable ou au tout début de votre projet. C'est en continu et devrait être à l'ordre du jour quotidien de votre équipe. Établissez des sessions régulières avec votre équipe où vous passez en revue la performance passée, partagez des informations sur des accomplissements prévus, adressez et résolvez les obstacles ensemble. Invitez des revues externes. Des vues extérieures offrent des perspectives différentes; perspectives fraîches et non biaisées. Si elles aspirent à aider l'équipe à identifier des risques et des questions inconnus et les surmonter, ces revues externes de projet peuvent être une super occasion d'apprendre.

Quand vous ou votre équipe faites des erreurs, apprenez d'elles. Corrigez vos défauts, améliorez votre performance et continuez à avancer vers l'accomplissement de la vision du projet. Cultivez l'apprentissage depuis le début de votre projet. Cela augmente significativement la vitesse à laquelle votre équipe peut exécuter et supporter la performance tout le temps et sécuriser ainsi la livraison.

Créez un espace pour que vos membres d'équipe soient
créatifs, essayez quelque chose de nouveau, partagez leurs
idées et apprenez les uns des autres. Prévoyez un temps
suffisant pour que votre équipe pense en dehors des limites,
au-delà des chemins connus et trouve de nouvelles avenues
pour atteindre les objectifs des projets. Autorisez votre
équipe à être performante, faire des erreurs, apprendre et
innover. Cela permet de réduire l'incertitude quand
l'information circule plus librement. Les membres de
l'équipe n'ont pas peur de faire des erreurs. Ils voient les
erreurs comme des opportunités d'apprendre et ils
s'entraident pour résoudre les problèmes. En corollaire, si
vous voulez que la performance apporte les résultats
désirables vous devez cultiver l'apprentissage. Il ne peut pas
y avoir de performance durable sans apprentissage et il ne
peut pas y avoir de résultat sans performance.

Principe 5 : S'assurer des résultats

Délivrer des résultats est un besoin ET un résultat du
leadership efficace de projet. La livraison du projet est un
effort d'équipe, pas un effort individuel. Le leader efficace de
projet construit et guide l'équipe pour livrer des résultats en
incorporant les quatre premiers principes de leadership.

S'assurer des résultats ne concerne pas seulement les résultats finaux. Pas plus que le succès du projet et le leadership de projet. Le cinquième principe nous dit que dans toutes nos activités nous gardons à l'esprit la vision de projet et produisons les résultats qui profitent à l'objectif du projet. Le succès n'est pas défini par un seul produit ou service délivré à l'achèvement du projet. C'est l'accumulation des nombreux résultats apportés par chaque principe de leadership. La vision, la collaboration, la performance et l'apprentissage sont tout aussi importants. Ils culminent dans les résultats. Quand vous parlez du succès de projet, le chemin pour parvenir à ces résultats importe aussi. En corollaire, un leader de projet efficace regarde toujours au-delà de la livraison de résultats.

Le cinquième principe de s'assurer des résultats nous rappelle que nous devons nous assurer que les résultats des quatre autres principes sont alignés sur la vision et les objectifs du projet. Ils doivent servir le but de projet. S'assurer des résultats n'est pas une activité qui se concentre seulement sur les livrables finaux du projet. Il en appelle à toutes nos activités de projet qui seront orientés vers les résultats, gardant les livrables finaux à l'esprit. C'est un appel à un leadership orienté solution et résultats. L'assurance de résultats offre d'excellentes occasions d'apprentissage, qui aident à leur tour à accroître la collaboration, améliorer la performance, provoquer l'innovation et nous approcher ainsi de la compréhension de la vision du projet. Des résultats intermédiaires de projet servent de reflet du leadership de projet et de combien les cinq principes de leadership sont correctement pratiqués. Ils révèlent la vraie qualité de collaboration d'équipe, la performance d'équipe et l'apprentissage d'équipe. C'est une forme d'assurance qualité de leadership efficace pour le succès de projet.

Leadership dynamique de projet 5 principes qui fonctionnent ensemble, unis comme les 5 doigts de la main.

Aucun principe isolé n'est le plus important. C'est la combinaison des cinq principes de leadership qui aide à sécuriser le succès du projet. La construction de la vision est le principe par lequel commencer, mais vous ne pouvez pas réaliser de résultat si vous n'embrassez pas tous les cinq principes ensemble comme un système. Le leadership n'est pas simplement la somme de l'application des cinq principes. C'est aussi comprendre et vivre la dynamique de chaque principe aussi bien que l'ensemble des cinq principes.

Si vous voulez gagner une compréhension plus profonde d'un principe de leadership spécifique, vous devez prendre en compte les quatre autres principes et comment ils touchent celui que vous regardez.

L'application des cinq principes de leadership dans la vie quotidienne du projet exige que le leader de projet pratique les cinq principes constamment et de manière consistante. C'est un exercice continu. Selon où vous en êtes dans un projet, il peut y avoir un accent plus fort sur un ou deux principes. Mais vous ne pouvez pas en isoler un des autres. Le leadership holistique comprend tous les cinq principes. Les cinq principes de leadership servent de direction vers un leadership efficace et comment celui-ci contribue au succès du projet. Les suivre et les pratiquer n'est pas une garantie de succès, mais ils le rendront plus probable. Ils adressent le cœur de succès de projet et améliorent ainsi significativement les chances de succès.

Le succès de projet commence et finit par le leadership de projet. Cependant, même si les principes de leadership peuvent être appliqués par chaque membre de l'équipe indépendamment de son rôle, le leadership n'est pas limité à une seule personne ou à un seul rôle. Nous savons qu'en tant que leaders de projet nous ne pouvons pas réussir par nous-mêmes. Nous avons besoin de l'aide et du support de nos équipes. C'est pourquoi il est important de construire des équipes et leur donner le pouvoir d'exécuter et de livrer. Le succès du projet n'est pas un question d'accomplissements cindividuels. C'est un effort commun et devrait être traité et honoré comme tel. La compréhension des principes peut être la première étape vers le succès du projet. C'est à vous de prendre cette direction et d'avancer.

LISTE APPROPRIÉE DES QUALITÉS ET CARACTÉRISTIQUES MODALITÉS POUR DÉCRIRE LES BONS ET GRANDS LEADERS QUI CONSTRUENT LEURS SOCIÉTÉS

Je viens de publier un livre en français et en anglais. Son titre en français est **<u>«Qualités et caractères d'un bon et grand Leader»</u> «Livre publié pour les Africains»**.

Les mots et expressions suivants sont des termes utilisés dans ce livre afin de décrire le leader, le leadership et leurs outils pour changer le monde.

Si vous ne pouvez pas obtenir ce livre, qui se vend dans « amazon.com », s'il vous plaît mettez en pratique dans votre vie quotidienne ces186 termes et vous deviendrez l'un des agens qui changeront pour le mieux le monde de demain .

Type de leadership autocratique

Assumer des responsabilités

Anticiper les obstacles et trouver des solutions.

Admettre que tout le monde apporte sa couleur

Agir avec courage malgré la peur

Absorber les connaissances à travers les livres

Capable de renoncer et de saisir les opportunités.

Un leader doit être focalisé

Un leader atteint objectif commun

Un leader est un marchand d'espoir.

Un leader influent attire le groupe.

Être exemplaire

Être essentiel à l'entreprise

Être enthousiaste au travail

Être curieux, audacieux et courageux.

être cohérent

Être conscient en soi-même

Être engagé pour l'excellence

Être capable de penser analytiquement

Être un exemple de ce que vous demandez aux autres

être responsable

Être une preuve de confiance

être un bon auditeur

Être un catalyseur

Être un pacificateur: proverbes 16:

Être un bon élève: proverbes 16:16

Être humbles (proverbes 16:19).

Être raisonnable et aimable: proverbes 16: 22-23).

Cultiver la ténacité

Cultiver des identités positives sur les membres de l'équipe

Cultiver l'apprentissage

Cultiver des amitiés basées sur l'honnêteté.

Créer une équipe « A » (première fois)

Créer un espace pour les membres de son équipe

Être constant en amélioration

Considérer les autres comme importants

Se connecter grâce à l'engagement émotionnel

Se connecter, répondre aux émotions des autres:

Communiquer les compétences

Communiquer les nouvelles idées

Communiquer une vision

Leadership collaboratif (affinité)

Type de leadership de coaching

La clarté vous aide à dire «oui» et «non» aux autres.

Choisir le bon moment de ce qu'il faut faire, où aller.

Vérifier les détails.

Type de leadership charismatique

Célébrer les succès pour recharger leurs batteries

Capable de déléguer

Ne promettez pas plus que vous êtes sûr d'offrir.

Ne prenez pas de décisions pour les autres

Ne vous attendez pas à recevoir tout ce qui est promis

Ne demandez pas conseil aux détracteurs.

Ne pas dire comment faire les choses, mais quoi faire

Faire plus ne signifie pas que nous faisons mieux

Ne pas ralentir la colère:

Ne laissez pas les faits s'opposer à une bonne décision.

Ne craignez pas la concurrence

Ne faites pas ce que tout le monde fait

Ne vous laissez pas tromper

Ne soyez pas arrogant:

N'essayez pas d'être ce que vous n'êtes pas

Ne pas aliéner son équipe

Ne laissez pas votre ego si proche de votre position

Diversité des valeurs

Direction, direction, direction

Développer ceux autour de soi

Développez vos talents jour après jour

Développer de meilleurs employés

Démontrer l'engagement

Définissez ce que le succès est pour vous

Consacrez-vous pour l'avenir

Cultivez et élevez ceux autour de soi au plus haut niveau

Ayez la grande présence d'esprit

Ayez la grande intelligence émotionnelle

Bon lecteur regarde sur les indices.

Devenez fou et puis surmontez la folie

Savoir remercier

Donnez l'amour qui comble un besoin spécifique.

Donnez des cadeaux

Donnez l'autorité aux employés

Gagnez de la confiance en exposant votre expertise

Etablissez des normes élevées pour soi-même.

Entraidez-vous pour résoudre des problèmes

Ayez d'excellentes idées

Ayant un sens de l'humour

Ayez le discernement

Ayez la capacité de prendre de bonnes décisions:

Ayez des stratégies pour maîtriser vos causes d'anxiété

Ayez des attitudes positives envers les autres

Soyez concentré

Vivez une vision:

Ayez un statut en lui, la nature, la vie, les actes

Haissez la méfiance

C'est tout aussi catastrophique que vous le pensez.

Ayez les compétences interpersonnelles

Type de leadership interculturel

Soyez capable de l'intégration

Inspirez la foi au cœur du peuple

Sachez gagner la confiance des autres.

Sachez tirer parti des forces de l'équipe

Sachez comment exploiter la transition

Sachez communiquer avec les autres

Sachez comment construire son propre soutien

Ressources humaines clés dans toute organisation.

Regardez par-dessus son épaule de temps en temps

Vivez votre éthique

Écoutez votre interlocuteur

Laissez les leviers du leadership participatif

Laissez la place à d'autres lorsque cela est nécessaire

Type de congé de leadership

On leade pour une période de temps, pas pour toujours

Le leadership est un processus

Leadership adapté à l'environnement

Leaders trouvent des moyens de gagner leurs équipes

Conduisez et sachez suivre les autres.

Amenez les autres à croire en eux-mêmes

Soyez un modèle en actions

Gérez les échecs et les réussites

Gérez le stress et les émotions

Gérez avant de gérer l'organisation

Nourrissez la collaboration

Ne pas sous-optimiser sa vision et son plan

Ne pas se soumettre au chaos

Pas d'incertitude

Pas de micro-gestion

pas d'hésitation; Convaincre lors de la prise de décisions

Pas d'égocentrisme

Ne jamaise se jouir du pouvoir, mais le donner aux autres

Ne jamais être aveugle quant aux forces de leur équipe

Ne jamais éviter ou ignorer les conflits

Axez sur les résultats

Seuls les leaders confiants confient

Un seul leader peut générer un autre leader

Promettez la performance

Produisez des changements, fixer la direction

Pratique, pratique, pratique

Potentiel est déterminé par ceux qui vous entourent

Ayez une attitude positive